Phil Bosmans

Man lebt nur mit dem Herzen gut

Phil Bosmans

Man lebt nur
mit dem Herzen gut

Meine Lebenserfahrungen
Aufgezeichnet von Mark Deltour

Deutsche Ausgabe
Übertragen und herausgegeben
von Ulrich Schütz

Schwabenverlag

Titel der Originalausgabe:
Mark Deltour, Ontmoeting met Phil Bosmans
© Uitgeverij Lannoo, Tielt

© 2003 der deutschsprachigen Ausgabe:
Schwabenverlag AG, Ostfildern
Alle Rechte vorbehalten
www.schwabenverlag.de

Gestaltung:
Finken & Bumiller, Stuttgart
Herstellung:
Freiburger Graphische Betriebe, Freiburg i. Br.
Printed in Germany

ISBN 3-7966-1101-X

Inhalt

Anhang

Vorwort zur deutschen Ausgabe

Phil Bosmans ist für unzählige Menschen in der ganzen Welt ein Autor, dessen Bücher auf unverwechselbare Weise Lebensmut und Lebensfreude vermitteln. Seine Worte leuchten wie Sonnenstrahlen in die Dunkelheiten des heutigen Lebens, überraschen durch eine verblüffende Einsicht in die rätselhaften Wege des Menschen, wirken wohltuend und befreiend. Wie kommt es, daß sich so viele Menschen verstanden fühlen? Woher gewinnen seine Worte ihre Überzeugungskraft? Sie haben ihre Wurzeln nicht in schönen oder auch komplizierten Theorien, sondern in den Erfahrungen, wie sie jeder Mensch, freudvoll und leidvoll, macht. Doch der vielleicht wichtigste Schlüssel zur Botschaft von Phil Bosmans sind seine eigenen Lebenserfahrungen. Hier legt er sie erstmals als ein Ganzes und im Zusammenhang vor.

Die Entstehung dieses Buches ist eine eigene Geschichte. Ein bekannter flämischer Journalist, Mark Deltour, hat Phil Bosmans 1988 aus Anlaß des Erscheinens des Buches »Gott - nicht zu glauben« interviewt. Es war seine erste Begegnung mit ihm, der Jahre später noch viele folgen sollten, als Phil Bosmans bereits durch einen Schlaganfall behindert war. Deltour schreibt selbst darüber: »Fast jeden Montag vormittag hörte ich viele Monate hindurch seiner Lebensgeschichte zu. Hieraus entstand das vorliegende Buch. Phil Bosmans hatte Sorge, daß der Botschafter die Botschaft verdrängen könnte. Doch schließlich fand auch er es einleuchtend, daß Botschafter und Botschaft unlöslich miteinander verbunden sind, und war einverstanden, wenn nur die Botschaft dabei nicht verdunkelt würde.« Die Botschaft aber, um die es dem flämischen Menschenfreund immer ging, ist die Botschaft des Herzens oder mit anderen Worten: Man lebt nur mit dem Herzen gut.

Für die deutsche Ausgabe wurde der Text der niederländischen Originalausgabe im Einverständnis mit Phil Bosmans bearbeitet. Manche Einzelheiten, die nur für flämische Leser verständlich und von Interesse sind, entfielen. Dafür wurden die Texte, die beispielhaft für die Botschaft des Herzens stehen (fettgedruckt bzw. mit sinnbildlichen Fotos unterlegt), vermehrt, um auch dadurch hervorzuheben, daß hierin ein, wenn nicht *der* Schwerpunkt des Buches liegt. Völlig neu wurde für die deutsche Ausgabe der bibliographische Anhang erarbeitet; er dokumentiert erstmals alle Ausgaben von Bosmans-Büchern in den verschiedenen Sprachen. Die Gesamtauflage wird auf 9 bis 10 Millionen Exemplare geschätzt; die Gesamtauflage seiner Bücher in deutscher Sprache beträgt 3,4 Millionen und in niederländischer Sprache 2,3 Millionen Exemplare.

Auch wenn das Buch biographische Züge trägt, will es keine Biographie in dem Sinne sein, daß es möglichst umfassend festhält, was da geschehen ist, wie es dazu kam und welche Wirkungen davon ausgingen. Es geht Phil Bosmans nicht um seine Person. Wie er sich selbst sieht, habe ich vor vielen Jahren, im Herbst 1976, bereits bei meiner ersten Begegnung mit ihm erfahren. Sie ist mir unvergeßlich geblieben, wie das bei einer langen Freundschaft nicht anders ist als bei einer großen Liebe. Er war schon damals in seiner flämischen Heimat so sprichwörtlich bekannt wie ein bunter Hund. Da sagte er, wie beiläufig, beim Autofahren mitten im Großstadtverkehr von Antwerpen: »So viele leidende, verzweifelte Menschen wenden sich an mich, als ob ich ihre Not wegzaubern könnte. Aber das kann ich nicht. Ich bin nicht der große Wundermann. Ich bin nur ein kleiner Mensch, nur eine kleine Glasscherbe, durch die die Sonne scheint.« Jahre später kehrt dieses Bild für sein Selbstverständnis wieder in »Mein letztes Gebet«, mit dem sein Buch »Gott - nicht zu glauben« (Erstauflage 1987) schließt, mit dem er seine vielen Vorträge zu beenden pflegte und das als Summe seines Lebens auch seine hier vorgelegten Lebenserfahrungen am Ende zusammenfaßt: »Lieber Gott, ich bin ein kleines Stückchen Glas, deine Liebe soll den Menschen darin leuchten. Gott, aus Scherben machst du Spiegel deiner Liebe.«

Das ist typisch Phil Bosmans: ein Bild, das jedes Kind versteht und das doch von einer unergründlichen Tiefe ist. In diesem Buch sind noch viele solcher Bilder, viele solcher Erfahrungen zu entdecken, in denen sich nicht nur das Leben von Phil Bosmans spiegelt, sondern in denen sich etwas von den Höhen und Tiefen, von den Träumen und Hoffnungen jedes menschlichen Lebens wiederfinden läßt.

Ulrich Schütz

Es geht um die Botschaft

Was Phil Bosmans sagt, überzeugt. Seine Worte leuchten ein und prägen sich ein. Sein Leben ist eine einzige Kette guter Taten für Menschen in Not, für Menschen, die leiden, die an den Rand der Gesellschaft geraten sind und nicht mehr weiter wissen. Viele Male habe ich Phil Bosmans in seinem Zimmer im Kloster zugehört, wie er von seinem Lebenswerk sprach. »Menschen gerne sehen« war der rote Faden in unseren Gesprächen. Sie begannen jedes Mal am Vormittag in seinem Schlafzimmer, am Tisch zwischen Bett und einem alten Sessel. Gegen Mittag hörten wir dann auf, in einem Arbeitszimmer, wo er noch ein Foto oder einen Text aus seinem Archiv hervorholte. Dabei kam ihm eine weitere Erinnerung, und er erzählte noch eine neue Geschichte.

Wenn ich meine Bewunderung über all das äußerte, was er gemacht hat, reagierte er mit einer abwehrenden Geste. Das habe ich während unserer Gespräche oft bemerkt. Die Frage nach seiner Person und seinen Erfolgen war ihm nicht wichtig. Als er mir eines Tages die japanische Ausgabe seines Bestsellers »Vergiß die Freude nicht« zeigte und ich ihn fragte, in wie viele Sprachen seine Bücher übersetzt seien, antwortete er fast ein wenig verlegen: »Es werden wohl dreißig sein.« Stille unterbrach unser Gespräch, und plötzlich war sie wieder da, die abwehrende Geste. Er gestand, daß er sich bei bewundernder Anerkennung nicht wohl fühle. Nicht, daß ihn das kalt gelassen hätte, aber er fürchtete, daß man dem Autor zu viel Bedeutung beimessen könnte auf Kosten der Botschaft.

»Es besteht die Gefahr, daß man aus mir ein Idol oder, noch schlimmer, einen halben Heiligen macht. Das will ich nicht, denn das bin ich nicht. Ich habe mal geschrieben: Wenn es Gerechte und Sünder gibt, dann will ich auf der Seite der Sünder stehen, weil ich ein Sünder bin.

Es geht nicht um Phil Bosmans, sondern um die Botschaft. Steht meine Person im Mittelpunkt, dann habe ich sehr bald nichts mehr zu sagen. Persönlicher Erfolg, das genießt man selbst. Im Evangelium heißt es nirgendwo, daß man Erfolg haben soll, wohl aber, daß man Frucht bringen soll. Und wir wissen, daß die Früchte von anderen gegessen werden. Darum will ich wie ein Baum sein, der Früchte gibt, ohne zu fragen, wer sie ißt. Wenn man von den Früchten eines Baumes redet, darf man nicht vergessen, auf seine Wurzeln zu schauen, denn da kommt alles her. Ich bin in der Botschaft des Evangeliums verwurzelt, und die habe ich gratis bekommen.«

Dankbarkeit und Bilder aus der Natur sind die Farben, mit denen er das Leben malt. Ein dankbarer Mensch ist glücklich, und glückliche Menschen sind niemals gefährliche Menschen. In der Natur findet er die Bilder für ein geglücktes Leben. Sonne, Blumen, Bäume, Luft, Wasser sind nie weit weg in seiner Welt. Sie erfüllen ihn stets mit Staunen über das Geheimnis der Schöpfung. So wie er Menschen gern hat, weil Menschen gerne sehen sein Hobby ist, so ist er begeistert über alles Leben in der Natur, die so verschwenderisch ist. Wo eine Blume wieder blühen kann, werden eines Tages tausend Blumen stehen. Gerne ging er, solange seine Gesundheit es zuließ, in die Natur, in den Garten hinter dem Kloster, wo er Heilkräuter gepflanzt hatte. Dort sprach er mit den Bäumen und den Blumen. »Wer mit einem Baum sprechen kann, braucht nicht zum Psychiater, auch wenn die meisten Menschen das Gegenteil denken«, hat er einmal geschrieben.

Botschaft des Herzens

Was ich sage, ist Dank für alles Gute,
für alles Schöne im Leben.
Ich spreche und schreibe von Dingen,
die nicht mehr selbstverständlich sind
und die man in keinem Supermarkt findet,
weil man sie nicht kaufen kann.
Liebe, Freundschaft, Optimismus,
Freude, Frieden und Vertrauen
machen die Kultur des Herzens aus.
Sie können der Welt ein neues Gesicht geben.

Geboren aus der Liebe zweier Menschen

In seinem Zimmer stehen Fotos von Menschen, die ihm viel bedeutet haben. In der Mitte ein Bild von seinem Vater und seiner Mutter. Daneben ein Familienfoto mit seinen zwei jüngeren Brüdern und seiner älteren Schwester.

»Ich wurde am 1. Juli 1922 in einer einfachen Bauernfamilie geboren. Vor mir war schon ein Mädchen da, und ich bin der älteste von drei Jungen. Wenn ich jetzt zurückblicke auf alles, was ich gesehen und gehört habe, wird mir bewußt: Um ein glücklicher Mensch zu werden, genügt es, in einem Dorf von einfachen, aber glücklichen Eltern geboren zu werden. Ich habe das Gefühl, daß ich alles bekommen habe, weil ich aus der Liebe von zwei Menschen geboren wurde, die mir allezeit Geborgenheit und Wärme geschenkt haben.

Mein Vater und meine Mutter sind die phantastischsten Menschen, die ich je gekannt habe. Ich kann mich nicht erinnern, sie jemals wirklich böse gesehen zu haben. Sie werden sicher untereinander auch mal deutliche Worte gesagt haben, aber als Kind habe ich das nie gemerkt. Sie stehen in meinem Gedächtnis eingegraben als einfache, hart arbeitende, frohe, humorvolle Menschen. Eine Menge Schwierigkeiten fingen sie mit Humor auf.

Vater arbeitete viel und hart, aber der Hof war zu klein, um eine Familie mit vier Kindern zu ernähren. Darum verdiente er sich, vor

allem in den Wintermonaten, ein wenig durch Fuhren dazu. Dann zog er morgens früh mit Pferd und Wagen los, um fünf Kilometer weiter weg Holz zu laden, das brachte er zur nächsten Bahnstation. Abends kam er todmüde nach Hause, dann hatte er an die vierzig Kilometer zurückgelegt.

Als Vater für die schwere Arbeit auf dem Land zu alt wurde, sind wir von Gruitrode nach Genk gezogen. Das war für uns alle, vor allem aber für Vater ein schwerer Schlag. Er mußte sein vertrautes Fleckchen Erde verlassen, und wir verloren unser Dorf. In Genk hat Vater zwar noch etwas Landwirtschaft betrieben, aber ohne Erfolg. Er klagte nie, auch nicht, als er während des Krieges sein Pferd verlor. In Genk gingen später meine zwei jüngeren Brüder ins Bergwerk.

Mutter hatte mit vier Kindern und der Arbeit auf dem Hof mindestens so viel zu tun wie Vater. Ich rieche noch den Duft von ihrem frisch gebackenen Brot und Buchweizenkuchen, ich höre noch ihre Stimme, ich sehe noch ihr lachendes Gesicht, denn sie hatte viel Sinn für Späße. Aber vor allem hielt sie die Tür unseres Hauses für jeden offen. Sie war eine ungewöhnlich mutige Frau. Ich erinnere mich, als im Krieg die Deutschen näher rückten und alles in die Flucht schlugen, wie sie ihre Familie in den Keller brachte, dort seelenruhig die Spielkarten herausholte und sie austeilte. Und Mutter war immer am Singen. Sie war wirklich die Sonne, die Lebenslust im Haus.«

Bist du jetzt auch wirklich glücklich?

»Meine Eltern verstanden sich auf eine Lebenskunst der Geduld und des Optimismus. Mit ihr haben sie auch den Glauben an mich weitergegeben. Zum Glauben kam ich also nicht durch einen Bischof oder Theologen, sondern durch zwei wunderbare Menschen: meinen Vater und meine Mutter. Gott war in ihrem Leben selbstverständlich. Sie glaubten an Gott, so wie ein Blinder an die Sonne glaubt: nicht weil er sie sieht, sondern weil er sie spürt. Ich sah Gott nicht, aber in ihrem Leben, in ihrer Zuneigung und Sorge war er spürbar gegenwärtig.

Sie waren keine besonders eifrigen Kirchgänger, aber ich fühlte, wie sehr sie mit Gott und der Religion verbunden waren. Wir beteten jeden Abend mit der Familie den Rosenkranz, manchmal zusammen mit den Nachbarn. Ich sage nicht, daß wir davon immer begeistert waren, weil ein Rosenkranz ziemlich lang dauert, aber hinterher betrachtet, fanden wir das doch nicht so schlecht. Vater und Mutter haben viel gebetet, und sie haben uns auch beten gelehrt. Am Ende ihres Lebens hat Mutter mir gesagt, daß sie nicht nur viel erbeten, sondern auch viel bekommen hat. Als sie kaum 63 Jahre alt war, ist sie an Krebs gestorben. Das war an Allerheiligen, am 1. November 1949. Einige Tage vor ihrem Tod und in aller Seelenruhe vertraute sie mir an, daß sie alles bekommen hat, worum sie gebetet hat.

Auf der Suche nach Geborgenheit

Jeder Mensch, der auf die Welt kommt,
ist sein Leben lang auf der Suche
nach einem Zuhause, nach Geborgenheit.
Der Grund jeder Geborgenheit ist Liebe.
Das Schlimme in unserer Zeit ist,
daß wir einander kein Zuhause mehr geben,
weil wir selbst nicht mehr geborgen sind,
weil wir die Liebe verloren haben.
Machen wir uns immer wieder auf den Weg,
Gott, die Quelle aller Liebe, zu finden.
Wenn du in Gott geborgen bist,
kannst du auch deinen Mitmenschen
Wärme, Geborgenheit, ein Zuhause geben.
Und so wirst du glücklich werden.

Mutter war ein außergewöhnlicher Mensch! Sie dachte nicht an sich selbst, sie war für Vater da, für uns, für jeden, der sie in Anspruch nahm. Das spürte ich besonders am 7. März 1948, dem Tag meiner Priesterweihe. Als ich ihr nach der Feier den Primizsegen gab, stand sie aufrecht da, nahm meine Hand und fragte unter Tränen: ›Bist du jetzt auch wirklich glücklich?‹ Mutter war es sicherlich. Aber sie sagte nicht, daß sie stolz auf mich wäre. Nein, ihre einzige Sorge war mein Glück. Das war typisch für Mutter: Sie kümmerte sich um das Glück anderer. Ich denke, daß sie die Sorge für andere, vor allem für die kleinen Leute, für die leidenden und bedrückten Menschen zu einem großen Teil an mich weitergegeben hat. Und dafür bin ich ihr ewig dankbar.«

Das Heimatdorf

Phil Bosmans verschweigt nicht, daß er in Armut aufgewachsen ist und daß er nur dank einer Tante studieren konnte. Aber im gleichen Atemzug sagt er, daß ihm zu Hause nichts fehlte. Er spricht voller Hochachtung von seinem Elternhaus, das etwas außerhalb der Dorfmitte von Gruitrode lag. Ein Haus mit einer guten Stube, die einen Dielenboden hatte und wo ein Kachelofen stand, während die anderen Räume nur einen gestampften Lehmboden hatten. Sie brauchten keine Villa. Ein noch so ärmliches Haus wird zu einem Zuhause, wenn darin Menschen wohnen, die einander gern haben. Sein Zuhause hat er in Gruitrode bekommen.

Als Phil Bosmans 1979, bei der Neunhundertjahrfeier von Gruitrode, Ehrenbürger wurde, hat er sein Heimatdorf (»Roy«) besungen. Seine Zeilen geben zugleich Einblick in seine sorglosen Kinderjahre.

Das war Roy!

Ein Dorf auf Erden, da konnten die Menschen gedeihen.
Eine Kirche in der Mitte, eine alte Kalksteinkirche,
mit einer großen Tür, die zeigte zum Himmel.
Das war Roy!
Ein Dorf auf Erden, da gab es auch Streit und Klatsch,
aber es hatte noch mehr: ein Herz aus Gold,
Menschen teilten mit Menschen Liebe und Leid.
Das war Roy!
Ein Dorf auf Erden, da wollte man gerne geboren sein.

»Ich hatte keine Luxuswiege, keine Pampers, keine superweichen Baby-sachen. Ich hatte die Brust meiner Mutter und eine Mutter, die sang. Ich hatte als Kutsche eine Schubkarre, mit der man aufs Feld ging. Ich hatte einen Vater, der einen Bauernwagen fahren konnte, und es war ein Fest, wenn wir singend und pfeifend auf dem Wagen saßen, um ins Nachbar-dorf zur Kirmes zu fahren. Ich hatte keine teuren Spielsachen, aber ich hatte Eichhörnchen auf den Bäumen und kleine Kaninchen auf der Wiese. Ich hatte eine Schule und einen Lehrer, der einen mochte und der einem deswegen schon auch mal eins hinter die Ohren geben konnte.

Ich hatte eine phantastische Kindheit. Ich hatte keine Spielsachen und vermißte doch nichts. Ich hatte Bäume, um raufzuklettern und runterzufallen. Wer das hat, kann sich glücklich preisen. Man ver-gleiche das mal mit dem, was Kinder heute haben. Sie leben in großen Betonkästen, ihr Zimmer ist voller Spielzeug, sie haben ihren eigenen Fernseher, aber sie haben kaum Luft zum Atmen. Daher kommen viele Aggressionen. Mensch und Natur gehören zusammen. Darum halte ich das Leben in der und mit der Natur von grundlegender Bedeutung für die Entwicklung eines Kindes.« Das heißt nicht, daß alles beim »Karren vom Opa« bleiben sollte, wie er sagt. Er hat nichts gegen Fortschritt und technische Errungenschaften. Aber er kann sich nur mit einem Fortschritt anfreunden, der im Dienst des Menschen steht.

Liebe Natur, bleib uns nahe.
Du bist das Brot, das wir essen.
Du bist unser Blut.
Du bist das Haus, worin wir wohnen.
Du bist unsere Haut.
Du bist unsere Lunge, durch die wir atmen.
Du bist das Paradies,
worin wir mit den Blumen und Vögeln
jauchzen über das Leben.

Na, dann werd' mal Pastor

Für die schwer arbeitenden Eltern von Phil Bosmans war der Ge-
danke unvorstellbar, ihre Kinder auf eine höhere Schule zu schicken.
Aber eine Tante dachte darüber anders und gab ihm die Chance, ein
kirchliches Gymnasium zu besuchen. Phil landete in Schule und Internat der Ordensgemeinschaft der Montfortaner in Rotselaar bei Löwen.
Damals gab es solche Einrichtungen (Kleines Seminar), in denen Jungen von der höheren Schule an auf das Priestertum vorbereitet wurden.
So war es auch in Rotselaar.

Phil fühlte sich weder vom Seminar noch von Hause aus irgendeinem Druck ausgesetzt, Priester zu werden. Im Gegenteil, sein Vater wiederholte jedesmal in den Ferien, daß er ihn zu Hause bestens gebrauchen könnte. Er war nicht verpflichtet, nach Rotselaar zurückzugehen. Aber nicht wenige dachten so, wie ein Bauer es ausdrückte: »Na, dann werd' mal Pastor, dann bist du die Arbeit los!«

Daß er gern nach Rotselaar ging, hatte viele Gründe. Er lernte schnell und gut. Es kostete ihn keine größere Mühe, aber dabei blieb ihm bewußt, daß er in der Familie bevorzugt war. Seine Altersgenossen im Internat träumten alle von einer besseren Welt. Ihr Idealismus wurde zusätzlich durch einen begnadeten Erzieher angefacht, Pater Willy Loop. Er besaß die Gabe, seine Begeisterung auf die Schüler zu übertragen, mit denen er tagaus, tagein zusammen war. Er war Lehrer und Freund. Noch heute spricht Phil Bosmans voller Hochachtung über den Mann, der eine ganze Schülergeneration in Rotselaar und vielleicht ganz besonders den jungen Phil geprägt hat. Es war übrigens der gleiche Pater, der erkannte, daß Phil zum Führer der Katholischen Schüleraktion wie geschaffen war. Und fast zwanzig Jahre später, 1957, tauchte Willy Loop erneut in seinem Leben auf, als dieser ihn bat, den Bund ohne Namen in Flandern aufzubauen.

Wir entschieden uns zur Flucht

Die sorglosen Schülerjahre fanden mit Ausbruch des Zweiten Weltkriegs in Belgien ein jähes Ende. Was im Mai 1940 in den Augen der ahnungslosen jungen Leute zunächst als ein Abenteuer erschien, wurde sehr bald zu einem Alptraum von Krieg und Zerstörung, Lebensgefahren und Todesängsten. Drei Monate lang war er auf der Flucht. Diese Unterbrechung der Schulzeit hat im Leben von Phil Bosmans tiefe Spuren hinterlassen.

Es war in seinem vorletzten Schuljahr, als die Nachricht vom Ausbruch des Krieges kam. Niemand konnte sich vorstellen, was Krieg wirklich bedeutete. Es sah so aus, als ob die großen Schüler eine recht abenteuerliche und spannende Zeit erleben würden. Phil Bosmans erinnert sich noch, wie sie spät abends durch die Fenster des Internats die tief fliegenden Stukas beobachteten. Am 10. Mai wurden sie mit dem Bus nach Hause gebracht, beim Fahren wurde gesungen. Doch schlagartig änderte sich die Stimmung, als sie durch eine Stadt kamen und den bombardierten Markt sahen. Beim Anblick der Zerstörungen wurden alle mucksmäuschenstill. Auf einmal fühlten sie, daß der Krieg mitten in ihrem Leben stand.

»Als ich nach Hause kam, hörte ich, daß sich alle jungen Männer zwischen sechzehn und dreißig Jahren melden müßten. Da blieb für mich und meinen jüngeren Bruder kaum eine Wahl. Entweder wir verschwanden, oder wir wurden festgenommen. Wir entschieden uns zur Flucht und zogen auf uralten Fahrrädern los. Mutter gab uns zwei Brote, einen Schinken und fünfzig Franken mit. Wir setzten auf einem Floß über den Kanal und flohen nach Süden. Die ersten drei Wochen saßen wir auf den Rädern. Der Schinken und die fünfzig Franken waren schnell weg. Während der Flucht machten wir schreckliche Dinge durch. Wir erlebten Bombardierungen. Die Menschen, die wir trafen, waren voller Angst.

In einer Nacht mußten wir über die Brücke in Rouen. Es war wie eine Apokalypse: weinende Menschen, fluchende Soldaten, Pferdewagen, Lastwagen voller Soldaten, Motorräder, Fahrräder, Mütter mit Kinderwagen. Todmüde haben wir dann irgendwo auf einer Wiese geschlafen und Kühe gemolken, um etwas zu trinken zu haben. Später sind wir nachts auf einen Güterzug geklettert, der in Richtung Süden stand.

Nach einer Weile fuhr er los. Als es bereits Tag war, wurden wir auf einem Bahnhof aus dem Zug geholt. Man nahm uns die Räder weg und steckte uns in einen gewöhnlichen Zug. In einem alten Dorf, in das man uns mit einem Bus brachte, konnten wir über einem Pferdestall in einem Dachboden auf Stroh schlafen. Dort haben wir drei Monate lang ausgehalten.

Wir besaßen nichts mehr, unsere einzige Habe waren die Kleider, die wir anhatten, mehr nicht. Immer wenn meine Hose mal gewaschen werden mußte, verkroch ich mich eine Stunde lang unter einer Decke. Wir bekamen beinahe nichts zu essen und lernten stehlen, um zu überleben. Wenn die Leute im Dorf das merkten, wurden sie fuchsteufelswild und konnten sogar auf uns schießen. Am schlimmsten aber war, daß wir keinerlei Verbindung mit Zuhause hatten. Telefon gab es nicht, Briefe gingen verloren. Geflohene Soldaten redeten davon, daß die Deutschen in der Gegend von Limburg Gas eingesetzt hätten. Wir wußten nicht, ob unsere Eltern noch lebten. Darüber machten wir uns viele Sorgen.«

Der Weg zurück war genau so schlimm. Phil Bosmans und sein Bruder wurden mit anderen in Viehwagen verladen, da war kaum Platz, und es stank entsetzlich. Die Rückfahrt dauerte mehr als eine Woche. Ein Güterzug brachte sie von Brüssel nach Hasselt. Schließlich waren sie zu Hause, in Genk, wo die Mutter auf sie voller Sehnsucht und Sorge gewartet hatte. »Das Wiedersehen, die Umarmung, die Tränen vor Glück, das vergesse ich niemals«, erzählt Phil. Er ist mit heiler Haut, ohne Schaden, ohne Verbitterung oder Rachegefühle aus dem Krieg gekommen. »Durch das Elend der drei Monate Flucht habe ich viel gelernt. Ich bin zum Beispiel gleichgültig geworden gegenüber materiellem Besitz. Ich habe Hunger und Durst gelitten, ich weiß, was Armut bedeutet. Immer wenn ich jetzt mit Obdachlosen, mit hilfsbedürftigen Menschen spreche oder Flüchtlinge im Fernsehen sehe, sehe ich das mit anderen Augen. Wer niemals am eigenen Leib erfahren hat, was arm sein heißt, kann Arme eigentlich nicht verstehen.«

In Zeiten des Krieges

Menschen müssen für Krieg und Gewalt einen hohen Preis zahlen.
Er ist immer viel größer als der Preis, den der Frieden kostet.
In Zeiten des Krieges müssen Menschen zu allen Opfern bereit sein.
Sie leiden Entbehrungen und Hunger, verlieren Gesundheit und Leben.
Und das Ergebnis? Millionen von Mitmenschen werden umgebracht,
Tausende von Dörfern und Städten werden verwüstet.
Warum verleiht der Krieg den Menschen soviel Kraft zum Leiden?
Warum bringt der Frieden die Menschen nicht dazu,
sich einzuschränken, damit auch andere Menschen leben können?

Ein großes Herz für kleine Menschen

Nach den turbulenten Monaten begann wieder die Schule, so gut es eben ging, und für Phil Bosmans näherte sich der Augenblick, wo er seine Lebensentscheidung treffen mußte. Große Zweifel überfielen ihn nicht. »Gott hat mich gerufen«, schreibt er. »Nicht so, daß er mich in den Arm gekniffen hätte. Es war eine viel tiefere Wahrnehmung. Ich wußte sehr bald, daß nicht ich gewählt hatte, sondern daß es Gottes Wahl war. Und das Seltsame ist, daß Gott nicht deine Fähigkeiten, auch nicht die Tugenden, die du vielleicht hast, nicht einmal deine Sünden oder sonst was berücksichtigt. Er verlangt nur, daß du mit leeren Händen vor ihm stehst.«

Phil Bosmans wollte bleiben, wo er bereits sechs Jahre gelernt und wo man auch Sinn für die Not der Menschen geweckt hatte. Er wollte Montfortanerpater werden. Aus ihm hätte auch ein engagierter Arzt, ein Rechtsanwalt der armen Leute oder ein hervorragender Sozialpädagoge werden können. Aber er wollte Priester werden, mit einer besonderen Neigung zu den Schwachen, zu den Armen. Noch während des Krieges machte er sich als Student auf den Weg in die Elendsviertel von Löwen, per Anhalter, mit einem lebenden Kaninchen in einem Sack und Zuckerstückchen in einem Beutel. Er stand im ärmsten

Viertel der Stadt vor einer kaputten Tür und wagte nicht hineinzugehen. Er schloß die Augen und dachte: »Was ihr den Geringsten der Meinen getan habt, habt ihr mir getan.« Die Tür ging auf, und er war in der Welt der Armen. Er wurde in seinem Innersten arm, und er wußte, daß da Gott gegenwärtig war.

Während der Ferien war er besonders gern bei den Bergarbeitern, zu denen auch seine Brüder gehörten. Er suchte sie im Bergwerk auf, stieg mit ihnen im Schacht ab, arbeitete mit Hacke und Bohrer, schmeckte den Kohlenstaub, kurz, er probierte den Bergarbeiterberuf. Er hörte von dem bescheidenen Wohlstand, den das schwarze Gold brachte, aber er sah auch den schrecklichen Tribut, den dieser Wohlstand forderte: Männer mit ruinierter Gesundheit, mit verbrannten und vergifteten Lungen, mit gebrochener Wirbelsäule. Er besuchte sie regelmäßig in einem kleinen Knappschaftskrankenhaus. Die meisten waren noch jung, und viele starben.

Daß er nach Abschluß der höheren Schule den Weg zum Priestertum wählte, war für ihn beinahe selbstverständlich. Im Industrierevier von Lüttich begegnete er dem ersten Arbeiterpriester und blieb eine Zeitlang bei ihm in einer Baracke. Dort entdeckte er auch ein Kreuz, auf das jemand die Worte geschrieben hatte: »Jesus kannst du begraben.« Damit war die Einstellung zum Christentum in diesem ganzen Milieu auf den Punkt gebracht, und das ging ihm sehr nach.

Nur wer merkt, daß es dunkel ist,
wird das Licht suchen.
Sei wie ein Licht in der Nacht,
das auf seinem Weg
erloschene Sterne wieder anzündet.

»Aufmachen für Jesus Christus!«

»Ich habe immer gedacht, daß wir als Christen den Menschen nahe sein müssen. Ich fühlte mich immer bei den einfachen kleinen Menschen wohl. Aber man muß sich auch für sie einsetzen. Ich wollte mich bis in mein tiefstes Wesen Gott und den Menschen weihen. Das bedeutete konkret: sich ganz und gar, mit Leib und Seele, Geist und Herz, Händen und Füßen dafür einsetzen, daß Gottes Liebe sichtbar und spürbar wird.

Ich wählte die Montfortaner, weil mich die Botschaft des Gründers der Kongregation, Grignion de Montfort, überzeugte. Er ist in seiner Zeit zu den Armen in ihren Elendsbehausungen gegangen, er hat die Verstoßenen aufgesucht, die Menschen, die von der Kirche vernachlässigt oder vergessen wurden und die für die Kirche nichts mehr übrig hatten.

Seine Radikalität sprach mich an. Eine Begebenheit aus seinem Leben ist mir stets in Erinnerung geblieben. Eines Abends schleppt er einen Kranken, eine von Geschwüren übersäte Elendsgestalt, auf seinen Schultern zu einem Kloster. Ausgerechnet dort öffnet man ihm nicht die Tür. Da ruft er in die Nacht: »Aufmachen für Jesus Christus!« Durch Grignion fand ich auch meine Liebe zu Maria, der Mutter Gottes. Später war ich häufig im Marienwallfahrtsort Banneux, dort habe ich alle meine Unternehmungen in die Hände Marias gelegt, der Mutter der Armen.

Während meiner Priesterausbildung habe ich erlebt, wie wenig einfache Leute zählen; sie haben nichts zu sagen, sie sind nur gut zum Arbeiten. In Genk wohnte in einer Baracke ein gewisser Johannes. Keiner kannte seinen Nachnamen. Weil er so zurückgezogen als Sonderling lebte, hieß er überall ›der heilige Johannes‹. Eines Tages wurde er nicht mehr gesehen. Er war tot, in größter Einsamkeit war er gestorben. Er wurde dann in der Morgenfrühe begraben. Hinter seinem Sarg gingen zwei Menschen: ein junger Pole, ein paar Blumen in der Hand, und ich. Das war alles. Solche Erlebnisse haben mein Leben geprägt. Ich wollte Priester werden für die Menschen, die aus dem Boot fallen.«

Von 1941 bis 1948 war Phil Bosmans zunächst in Rotselaar und dann im niederländischen Oirschot. Er durchlief die übliche Ausbildung eines Ordenspriesters: Noviziat, Studium der Philosophie und Theologie. Die Noviziatszeit empfand er nicht als hart. Wie überall, so hatte auch dort jeder seine Aufgabe. Als Phil eines Tages die Treppe putzen mußte, goß er einfach einen Eimer Wasser von oben nach unten. Das war nicht im Sinne des Oberen, der zufällig vorbeikam und ihn fragte, ob er denn nie gesehen hätte, wie die Mutter die Treppe putzte; darauf antwortete er lakonisch, sie hätten zu Hause keine Treppe.

Später wird er seine theologische Ausbildung relativieren, wenn er sagt: »Die Wahrheit des Christentums verliert man nicht aus Mangel an Verstand oder Einsicht, wohl aber aus Mangel an Liebe.« Oder: »Das Evangelium ist Leben, und im Leben müssen Lehrsätze dem Menschen weichen. Wenn das Evangelium Leben ist, dann braucht es zuallererst Zeugen und nicht so sehr Theologen.« Man merkt sofort, daß er kein Stubengelehrter werden will, der schöne Theorien und Analysen liebt, sondern daß er ein Mann der Tat ist. Er geht direkt auf den Menschen zu, der in der Klemme festsitzt.

Liebe:
wenn wir ein Herz für andere haben;
wenn uns das Leid anderer weh tut;
wenn wir die Not anderer bekämpfen;
wenn wir Menschen lieben, so wie sie sind;
wenn wir mehr geben, als wir besitzen;
wenn wir uns selbst geben.
Liebe: so ein kleines Wort,
und es sagt doch alles

Kein außerirdisches Wesen

Am 7. März 1948 wurde er in Oirschot zusammen mit elf weiteren jungen Männern zum Priester geweiht. Jahre nach diesem unvergeßlichen Tag brachte er die Gefühle, die ihn damals bewegten, zu Papier. Er tat es auf seine Weise, in seiner eindrücklichen Sprache:

»Es gibt Augenblicke, die dich tief prägen, dein ganzes Leben lang. Solch einen Augenblick erlebte ich vor Jahren an einem Tag im März. Die Sonne stand schon früh am Himmel. Die Luft war blau wie nie zuvor. Ich lag ausgestreckt auf dem Boden einer Klosterkapelle. Es waren viele Leute da. Eine besondere Atmosphäre. Nichts als strahlende Gesichter. Die Luft war voller Musik, und in den Glasfenstern am Altar spielte die Sonne. Wir waren zu zwölft. Zwölf junge Männer ausgestreckt auf dem Boden. Die Mauern der Klosterkapelle waren wie verschwunden, weit weg. Wir lagen zu zwölft dicht beieinander, ausgestreckt auf dem Boden.

Die Welt mochte über uns hinweggehen. Das war uns gleich. Wir hatten uns hingegeben. Wir hatten kapituliert vor einem Gott, der Liebe ist. Der alles von dir verlangt, um dir alles geben zu können. Wir fühlten uns in dem Augenblick unendlich weit weg, verloren im Geheimnis Gottes. Wir sahen Gott, wir spürten ihn. Es war, als ob wir in seinen Armen sicher, endgültig und für allezeit geborgen seien. Wir wurden zum Priester geweiht. Ein großes Heimweh nach diesem Augenblick tiefer Freude wurde uns ins Herz geschrieben.«

Ich habe die Oase erlebt

Gott begegnen. Ich bin ihm begegnet.
Manchmal kam er so nahe, daß ich ihn
mit meinem Herzen sehen und fühlen konnte,
dann war ich begeistert.
Augenblicke der Verliebtheit.
Dann gab es keine Grenzen mehr,
keine Erde und keinen Himmel.
Die Uhren tickten nicht mehr. Die Zeit stand still.
Ich wollte alle und jeden umarmen,
weil ich Gott selbst umarmen wollte.
Augenblicke von großer Gewißheit
und einem paradiesischen Glück.
Sie dauerten meistens nicht lange.
Aber ich konnte weiter. Die Dürre der Wüste
konnte mir nichts mehr anhaben.
Ich hatte die Oase erlebt.

Eigentlich wird man Priester jeden Tag

»*Das erste Mal Priester werden ist das leichteste Mal. Man hat alles losgelassen, aber langsam nimmt man es wieder zurück.* Wenn man dann zu beten wagt: ›Gott, halt mich fest mit deinen beiden Händen‹, dann kommt er still und leise und manchmal völlig unerwartet und hält dich fest, umarmt dich – so fest, daß es weh tut.«

Auch nach mehr als fünfzig Jahren steht für Phil Bosmans unverrückbar fest: Könnte er sein Leben wiederholen, er würde erneut dieselbe Entscheidung treffen. »Ich bin Priester geworden wegen Jesus von Nazaret. In meinem ganzen Leben war er spürbar gegenwärtig. Und ganz bestimmt in den kritischen Momenten. Er kann dich bis an den Rand der Verzweiflung bringen, um dich zu zwingen, Wege zu gehen, die du nicht willst. Aber Gott hat viele Handlanger, die ich Engel nenne, Engel in Menschengestalt, die auf einmal bei dir sind und dich in den kritischsten Augenblicken seine Liebe und Sorge spüren lassen. In Jesus, in seinem menschlichen Leib und in seinem Herzen, ist Gott für den Menschen sichtbar und spürbar geworden. Darum müssen auch wir in Liebe wieder Menschen werden füreinander. Jesus stellte den Menschen in die Mitte. Er hat sich vor allem auf die Seite der Armen, Schwachen, Machtlosen gestellt. Dort ist auch mein Platz als Priester.

Früher stellte man uns aufs Podest, wir wurden beweihräuchert, waren geradezu unnahbar, sakral. Aber ein Priester ist kein außerirdisches, unnatürliches Wesen. Ich bin zu hundert Prozent Mensch, mit allen menschlichen Grenzen, Schwächen, Fehlern und Sünden. In all den Jahren habe ich erfahren, daß man in seinem Leben viele Male Priester wird. Priester wird man, bewußt oder unbewußt, jeden Tag, auch noch fünfzig Jahre nach der Weihe.

Vor noch nicht allzulanger Zeit habe ich geschrieben, daß ich aufs neue ausgestreckt vor Gott am Boden liegen werde. Die Welt mag über mich hinweggehen und mich für verrückt erklären. Aber man vergißt, daß Gott dem Menschen ganz nahe ist, der vor ihm kapituliert. Ich bin für Gott und für die Menschen da. Ich will mich zur Verfügung stellen, um Gottes Liebe in dieser Welt sichtbar und spürbar zu machen.«

Im Schatten der Liebe Gottes
habe ich verlieren gelernt,
so viel verlieren, daß ich zuletzt
nichts mehr zu verlieren hatte.
Dadurch sollte ich alles gewinnen.
Am meisten gewann ich Freude,
die Freude am Leben
und die Freude an Gott,
der mir alles gegeben hat.

Ein Jahr Frankreich

Seine Flitterwochen erlebte Phil Bosmans in Frankreich. Die Ordensoberen schickten ihn in die Vendée, nach St-Laurent-sur-Sèvre, in den Ort, wo Grignion de Montfort starb. Dort machte er sein Praktikum. Er machte Missionsdienste in einem weitgehend entchristlichten Milieu, half in der Pfarrseelsorge aus, zog in ein Sommerlager mit jungen Leuten aus den Vororten von Paris. In der Hauptstadt suchte er Arbeiterpriester auf. Auch dadurch kam er in Kontakt mit dem, was sie »Subproletariat« nannten. Die Arbeiterpriester machten auf ihn einen so tiefen Eindruck, daß er daran dachte, denselben Weg zu gehen. Aber seine Oberen hatten andere Pläne. Er war vor allem nach Frankreich geschickt worden, um sein Französisch zu verbessern, und was er danach machen sollte, würden die Oberen bestimmen.

Das Jahr in der Vendée war für ihn nicht einfach. Trotzdem ist er froh über dieses Jahr. Es gab viele Gelegenheiten, seiner Begeisterung einen Dämpfer zu versetzen. Die ersten Monate wohnte er bei alten Patres in einem Haus, das bei den jüngeren Mitbrüdern scherzhaft »die Stadt der erloschenen Vulkane« hieß. In der Pfarrei war nicht viel los. Tagelang mußte er Holz sägen. Als er ankam, sagte man zu ihm: »Sie werden sich hier ganz schön langweilen.« Und so war es auch. Sehr bald fragte er sich, was er da um Gottes Willen solle und ob er vielleicht Priester geworden sei, um Holz zu sägen. Zum Glück konnte er auf seine von Zuhause mitbekommenen Überlebensstrategien zurückgreifen: Geduld,

Humor und die Kunst zu relativieren. Er wollte nicht zu denen gehören, die alles schwarz sehen und bei denen die Sonne schon am Morgen untergeht. Seitdem sind Humor und Geduld die Kamele, mit denen er durch alle Wüsten kommt.

Eines Tages war er mit einem älteren Mitbruder auf Mission in den Slums von Tours. Sie sprachen in Cafés und armseligen Versammlungsräumen. Sie hielten keine klassischen Predigten. Der ältere Pater stand auf einem Tisch oder Stuhl, und Phil mußte »den Teufel spielen«: Er unterbrach immer wieder die Rede seines Mitbruders und sagte ihm mit drastischen Worten, wie die Leute in Wirklichkeit über Gott, Kirche, Priester, die Reichen und die Armen und über das Leid dachten. Und darauf ging dann der Prediger ein.

Solche Missionen machten ihm wieder Mut. Bei Hausbesuchen erlebte er hautnah das Elend der Menschen. Von der Generation zwischen zwölf und fünfunddreißig Jahren ging kein einziger mehr in die Kirche. Schließlich hatte er, der junge Ordenspriester, einen Mann bekehrt und freute sich darüber, daß dieser wieder in die Kirche ging. Doch drei Wochen später hängte der Mann sich auf – eine bittere Enttäuschung. Später hat er anderen beigebracht, trotz allem durchzuhalten und nicht allzusehr auf Erfolg oder Mißerfolg zu achten. »Wenn du nicht mehr siehst, wie es weitergehen soll, mußt du blind fliegen wie ein Pilot im Nebel; du mußt dich blind der Führung eines anderen, Unsichtbaren anvertrauen«, sagte er dann.

Wenn er mit jungen Leuten aus den Pariser Vorstädten irgendwo in der Bretagne Weihnachten feiern konnte, waren das für ihn Festtage. Er lebte und spielte mit ihnen und gewann ihr Vertrauen. Die meisten hatten nie von Gott gehört, aber in der Mitternachtsmesse waren sie so still, so aufgeschlossen, daß er dachte, sie würden Gott ganz nahestehen. Es waren für ihn unvergeßliche Stunden. Zum Abschied gaben sie ihm ein Buch, in das sich alle eingetragen hatten.

Er denkt auch an die Arbeiterpriester in Paris, die er besuchte. Es waren mutige Männer. Sie waren mitten unter den Menschen und lebten ganz einfach. Man sah sie gern. Er beneidete sie und wollte gern ihr Leben teilen. Als die Oberen seine Bitte, Arbeiterpriester zu werden, ablehnten, empfand er das als Enttäuschung und Unrecht. Aber er hatte alles in die Hände Gottes gelegt und ging mit Elan an die Aufgabe, die ihm jetzt zugewiesen wurde: Volksmission.

Volksmission und Marienfahrt

Als Volksmission noch fester Bestandteil im Leben katholischer Pfarreien war, gehörte dies zu den besonderen Aufgaben der Montfortaner. Sie waren angesehene Prediger und besonders geeignet, mit solch einem Sondereinsatz lahme Gemeinden wieder auf Schwung zu bringen. Gewöhnlich blieben sie dort einige Wochen, besuchten alle Familien, organisierten Nachbarschaftstreffen bei jemandem zu Hause oder in einem Café, beteten mit den Menschen, feierten Gottesdienste, hielten feurige Predigten über den Glauben und ein überzeugendes christliches Leben, luden zum Empfang der Sakramente ein. Jede Mission endete mit einem großen Festgottesdienst.

Für diese Aufgabe hatten die Oberen Phil Bosmans vorgesehen. Sie brauchten junge, gesunde, begeisterte Mitarbeiter bei der Volksmission, die belastbar waren und auch mal halbe Nächte durcharbeiten konnten. Nach seinem Praktikumsjahr in Frankreich sollte er bei den Volksmissionen mitwirken, die von September bis Ostern stattfanden. Er machte es mit Leib und Seele. Wenn auch sein Wunsch, Arbeiterpriester zu werden, nicht bewilligt worden war, so bekam er doch bei den Volksmissionen Gelegenheit, ganz dicht bei den Menschen zu sein.

»Kamen wir in eine Pfarrei, dann entschied ich mich immer für das Viertel, wo die Leute am wenigsten vom Christentum wissen wollten. Ich wohnte auch einige Monate in einer Baracke mit Russen, die nach dem Krieg bei ihrer Arbeit im Kohlenrevier geblieben waren. Ich versuchte, den Menschen, so gut es ging, näherzukommen. Das war nicht immer einfach. Viele wollten mit Kirche und Pfarrern nichts zu tun haben, manche hielten uns für politische Propagandisten. Aber ich blieb dabei, Menschen zu treffen und mit ihnen zu reden. Ich wollte ihnen nahe sein, ihr Leben teilen, auf ihre Sorgen eingehen, ihr Leid verstehen. Ihr Leben fesselte mich. Ich hatte die Menschen gern.

Früher hat man mich manchmal gefragt, wie viele Menschen ich denn zur Kirche zurückgebracht hätte. Aber darauf konnte und wollte ich keine Antwort geben. Das war nicht das Wichtigste bei meiner Arbeit. Ich wollte in den Spuren Jesu gehen. So wie er versuchte ich, Gott durch Freundlichkeit, Barmherzigkeit und Güte spürbar und sichtbar zu machen.

Wenn man Menschen nahe ist, wenn sie spüren, daß man ohne Hintergedanken viel für sie tut, dann geschehen kleine Wunder. Dann fragen sie dich eines Tages nach dem Warum deines Tuns und gestehen dir, daß auch sie schon mal beten und in die Kirche gehen würden, wenn sie freundlicher und großzügiger wäre. Das habe ich bei den Volksmissionen wiederholt erlebt. Einmal verbrachte ich ganze Tage bei Ziegeleiarbeitern in ihrem Zentrum. Es war ein eiskalter Winter, und weil sie nicht arbeiten konnten, saßen sie miteinander rund um den Kachelofen. Da setzte ich mich zu ihnen, und wir redeten viel miteinander. Sie haben mir durch ihre ungeschminkten Meinungen und durch ihr hartes Leben beigebracht, daß ein Priester nicht nur von Gott kommt und für Gott da ist, sondern daß er wesentlich von den Menschen kommt und für die Menschen da ist. Er ist da, um ein Wegweiser zu Gott zu sein.«

Das Wirken der Montfortaner beschränkte sich nicht auf diese damals übliche Form der Seelsorge. Der Bischof von Lüttich hatte ihnen auch die Durchführung von Marienfahrten übertragen. Dabei wurde von Ostern bis September das Gnadenbild »Unsere Liebe Frau der Armen« des Wallfahrtsortes Banneux durch die Provinz Limburg von Pfarrei zu Pfarrei getragen. Das war eine völlig andere Arbeit als die Volksmissionen. Hier lag das Schwergewicht nicht darauf, in ein kirchenfremdes Milieu hineinzuwirken, sondern auf der Förderung der Marienverehrung.

Die Marienfahrten waren aufreibend. Jeden Tag dasselbe: Übertragungswagen fertig machen, Akkus für die Lautsprecher aufladen, Gespräche mit den Leuten führen, Andachten für Kranke, Alte, Behinderte halten, Schulen besuchen, Prozessionen und Abendanbetung leiten, Beichte hören, predigen. Ein Korrespondent der Limburger Zeitung schrieb damals ziemlich drastisch, »daß solche Marienfahrten mit allem Drum und Dran eine Sauarbeit waren«. Mit jugendlichem Elan und aus Liebe zu Maria, der Dienerin der Armen, ging Phil Bosmans ganz in dieser Aufgabe auf. Er hielt durch bis zum Juni 1954. Da forderte der Raubbau an seiner Gesundheit seinen Tribut. In Horpmaal, einem kleinen Dorf im Haspengau, brach er erschöpft zusammen.

Auch mit beschnittenen Flügeln
lernen Vögel wieder fliegen.

Im gastfreundlichsten Pfarrhaus der Welt

Es ist auffällig, wie einschneidende Wenden im Leben Phil Bos-
mans' zusammenfallen mit schweren Erkrankungen. Das muß keine
Katastrophe sein, aus einem gesundheitlichen Rückschlag kann geistli-
ches Leben entspringen. Jedes Kreuz ist auch ein Pluszeichen. Das Leben
bekommt einen neuen Impuls. Der Terminkalender wird von heute auf
morgen verändert, ob es einem paßt oder nicht. Was zunächst nach einer Erschöpfung aussah, von der man sich schnell erholt, brauchte drei
Jahre, um auszuheilen. Viel später schrieb er: »Manche Dinge sehen aus
wie Katastrophen und sind doch Gnaden.« Im Juni 1954 freilich sah
auch er das ganz anders, empörte sich dagegen und begriff nichts davon.
»Kann man sich das vorstellen? Man ist zweiunddreißig Jahre alt, in der
Blüte des Lebens, und mit einem Schlag aussortiert, weg vom Fenster.
Nirgends mehr dabei, an ein Bett gefesselt. Tagelang schwebte ich zwischen Leben und Tod. Zum Glück bin ich im Pfarrhaus von Horpmaal
krank geworden, das Dorf war vielleicht das verlorenste Nest im ganzen
Haspengau. Ich konnte nicht einmal mehr transportiert werden. Als der
Arzt den Pfarrer Martin Aerts fragte, ob ich dort bleiben könnte, sah
dieser darin kein Problem, zumal seine Haushälterin, Leontine Franck,
eine gelernte Krankenschwester war. So war ich in guten Händen.

Aber so gut auch für mich dort gesorgt wurde, ich wehrte mich. Wiederholt sagte ich, es wäre mir lieber gewesen, gleich tot zu sein, als wochenlang flach zu liegen. Ich sei doch Priester geworden, um mich mit allen meinen Kräften einzusetzen. Aber jetzt konnte ich nichts mehr tun. Nur liegen. Ich fühlte mich wie auf einer Insel, die ganz langsam immer weiter vom Festland wegtreibt. Nach jedem Besuch, so gut er auch gemeint war, blieb ich mit diesem Gefühl liegen, während die Autos losfuhren und die Besucher wieder nach Hause oder zu ihrer Arbeit fuhren. Ganz allmählich ging mir auf, daß Leben gerade darin besteht: loslassen lernen. Wenn man das Leben festhalten will, erwürgt, erstickt man es.

Der Wert dieser Zeit ist mir erst später bewußt geworden. Jetzt sage ich manchmal, daß ich in diesen Jahren mehr über das Leben, über Gott und das Evangelium gelernt habe als in meinen Studienjahren. Damals habe ich erfahren, daß Gott begegnen keine Leistung des Verstandes ist, sondern eine Hingabe an das Leben, und daß er der Urquell von allem Leben ist. Dazu mußte ich verlieren lernen, aber so verlieren, daß ich am Ende nichts mehr zu verlieren hatte.

Als ich endlich wieder einige Schritte tun konnte, ging ich an den kleinen Teich im Garten des Pfarrhauses. Das war ein schönes Plätzchen. Ich sah die zarten Wellen des Wassers und hörte die Geräusche des Dorfes, das Muhen der Kühe und das Brummen der Trecker in der Ferne. Ich betrachtete das zauberhafte Spiel der Wolken, ich wärmte mich in der Sonne. Damals habe ich die Natur und die Stille lieben gelernt.«

Ein Engel ist jemand,
den Gott unerwartet und unverdient
in dein Leben schickt,
um ein paar Sterne anzuzünden,
wenn es ganz dunkel wird.

Ein kleiner Klosterbruder hat geholfen

Bei der Heilung von Phil Bosmans spielte Leontine Franck eine wesentliche Rolle. Als Krankenschwester ließ sie ihm alle Sorge und Pflege angedeihen. Aber abgesehen von ihrer Sachkenntnis und ihrem Können war sie auch eine tief gläubige Frau. Sie hatte großes Vertrauen zu Bruder Isidor, einem einfachen Passionistenbruder, der jung gestorben war und auf dessen Hilfe viele vertrauten. Sie setzte auf seine himmlische Fürsprache, um den kranken Pater wieder auf die Beine zu bringen.

»Eines Tages kam Leontine mit einem Glas Wasser, in dem etwas Schwarzes lag. Es war Erde vom Grab des Bruder Isidor. Ich war nicht begeistert, das zu trinken, aber weil sie so drängte, tat ich ihr schließlich den Gefallen unter der Bedingung, Näheres von diesem Ordensmann zu erfahren. Damals wurde jeden Monat eine Blutkontrolle gemacht. In Zukunft beteten wir vor jeder Blutabnahme eine Novene zu Bruder Isidor. Bald darauf geschah etwas Wunderbares. Zwei Jahre waren nach dem Zusammenbruch vergangen. Endlich konnte ich wieder für ein paar Wochen ins Kloster nach Rotselaar. Da ließ der behandelnde Arzt wissen, daß sich bei der letzten Blutuntersuchung eine ganz auffällige Verbesserung herausgestellt hätte. Er verstand das nicht und fragte eigens im Labor nach, ob bei der Blutprobe ein Irrtum, eine Verwechslung passiert sein könnte. Aber das war nicht der Fall. Er konnte sich die plötzliche Verbesserung meines Zustands nicht erklären.

Am nächsten Tag habe ich mit Hilfe eines Mitbruders am Altar im Sitzen die Messe gefeiert. Meine erste Messe nach zwei Jahren Krankheit. Als ich nach der Messe in die Zeitung schaute, fiel mein Auge auf einen Artikel über Bruder Isidor, der vor genau fünfundsiebzig Jahren geboren worden war. Ich war ganz verblüfft. Bruder Isidor hatte nicht nur dafür gesorgt, daß ich an seinem Geburtstag wieder die Messe feiern konnte, er ließ es mich auch noch wissen. Ich fühlte mich wie im siebten Himmel. Doch der Arzt hatte seine Zweifel. Er glaubte noch nicht an meine Besserung und gab das deutlich zu verstehen. Als mein Oberer ihn fragte, was man mit mir noch anfangen könnte, antwortete der Doktor: ›Nichts! Bosmans bleibt für den Rest seiner Tage ein Wrack.‹«

Über seinen langen Aufenthalt im Pfarrhaus von Horpmaal spricht Phil Bosmans voller Dankbarkeit. »Ich bin in meinem Leben mit vielen Menschen zusammengewesen. Aber Pastor Aerts und Leontine Franck sind in mein Leben hineingewachsen. Die beiden Engel haben mich mit unendlicher Geduld und Fürsorglichkeit wieder zum Leben gebracht. Sie sind wirklich mein zweiter Vater, meine zweite Mutter geworden.«

Ein alter Traum

Weil der Gesundheitszustand von Phil Bosmans nach der schweren Krankheit so schlecht war, daß er nach Meinung der Ärzte zu nichts mehr zu gebrauchen war, konnte er tun, wozu er Lust hatte. Bond Zonder Naam (das heißt: Bund ohne Namen) war ein alter Traum von ihm. Als er im niederländischen Oirschot studierte, hörte er jede Woche begeistert die Radiopredigten des Initiators, Henri De Greeve. Dieser hatte bereits vor dem Zweiten Weltkrieg den Bund auf ganz originelle Weise gegründet. Am 2. April 1938 beendete er eine Ansprache über Radio Hilversum mit einem Aufruf: »Sie werden vielleicht überrascht sein, wenn ich Sie heute abend einlade, mit mir einen Bund zu errichten. Sie werden sich wundern, wenn ich sage, daß dieser Bund kein Geld, keinen Mitgliedsbeitrag verlangt. Und noch mehr werden Sie überrascht sein, wenn ich sage, daß dieser Bund keinen Namen, keinen Vorstand, keinen Vorsitzenden, keinen Schriftführer, keinen Schatzmeister haben soll. Auch keinen Sitz, keine offizielle kirchliche oder staatliche oder königliche Genehmigung. Und doch, wenn der Plan gelingt, wird er wesentlich ein Bund, eine Vereinigung, eine Bewegung von Gleichgesinnten sein.«

Der erste Leitspruch, den er lancierte, lautete: »Verbessere die Welt, fang bei dir selbst an.« Die Kriegsjahre behinderten die Ausbreitung des Bundes. Aber nach der Befreiung konnte De Greeve aktiv werden. Er rief zum Beispiel eine »Scheibenaktion« ins Leben, die zum Ziel hatte, in den ausgebombten Städten die stehengebliebenen Häuser wieder mit richtigen Fensterscheiben zu versehen. Seine Initiativen fanden über die niederländischen Grenzen hinweg ein lebhaftes Echo. Als einige Jahre später, 1950, seine Kräfte verbraucht waren, gab er seine Arbeit an eine jüngere Kraft ab, Willy Loop. Dieser wollte die Bewegung über Holland hinaus auch in Flandern in Gang bringen. Dabei dachte er vor allem an seinen alten Schüler und Jugendführer Phil Bosmans. Er hatte ihn schon früher gefragt, aber eine Absage bekommen, weil dessen Vorgesetzte andere Pläne mit ihm hatten. Aber als er nach seiner schweren Krankheit zu nichts mehr zu gebrauchen war, konnte er den Bund ohne Namen in Antwerpen übernehmen. Er zog in die Großstadt. Die neue Aufgabe tat ihm gut. Mit der Zeit verbesserte sich seine Gesundheit. Der Bund ohne Namen wurde sein Lebenswerk.

Warum Bund ohne Namen?

»Ich habe immer von einer Welt voller lieber Menschen geträumt, aber für manche, die das hören, bin ich naiv, ein Träumer von Utopien.« So beginnt Phil Bosmans seine Lebensgeschichte im Bund ohne Namen. »Und doch habe ich mich nicht davon abbringen lassen, von einer neuen Welt zu träumen. Ich bin immer davon ausgegangen: Wenn du selbst glücklich bist, ist das einzige, was dir fehlt, das Glück der anderen. Es gibt zu wenig glückliche Menschen in unserer Wohlfahrtsgesellschaft. Dabei besitzen viele alles, was ihr Herz begehrt, und können sich kaufen, wovon sie träumen. Aber sie sitzen traurig da und sagen: ›Das bedeutet mir alles nichts mehr. Ich bin alles leid, ich habe alles satt.‹ Ich habe viel über das Glück geschrieben. Das vollkommene Glück gibt es nicht. Das Glück ist wie die Sonne, aber selbst auf der Sonne gibt es Flecken. Jedes Glück besteht aus vielen Stücken, und etwas fehlt immer. Immer ist irgendwo ein Stück vom Glück zu kurz geraten.

Deshalb bleibe ich dabei, zu behaupten: Der westliche Mensch steckt in der Krise. Aber es ist nicht so sehr eine wirtschaftliche, soziale oder politische Krise, sondern viel mehr eine geistige Krise, eine Krise des Herzens. Bei unseren Treffen habe ich oft gesagt: ›Wenn wir – der einzelne wie die Gesellschaft – nicht unsere Lebensweise ändern, kommt es zu einem totalen Zusammenbruch unserer westlichen Weltanschauung.‹ Was ich schon vor vielen Jahren feststellte, sehe ich auch heute bestätigt: Der Mensch wächst nicht gerade nach oben, sondern er ist nach unten verbogen. Der westliche Mensch ist bis in sein Denken hinein von Materiellem besessen. Alles dreht sich um Geld und Besitz, um Macht und Reichtum. Für Geld ist der Mensch bereit, alles aufs Spiel zu setzen: seine Familie, seine Umwelt, sich selbst. Dabei schreckt er nicht vor Lüge, Unrecht und selbst nicht vor Gewalt zurück. Der große Philosoph Kierkegaard hat einmal gesagt: ›Die Verdrängung von Geist und Herz richtet die schlimmsten Verwüstungen an, sie ist Ursache von Mutlosigkeit, Verzweiflung und Selbstmord.‹ Der Mensch ist das einzige Wesen der Erde, das imstande ist, seine eigene Art zu vernichten.

Ich denke an eine steinreiche junge Frau. Sie besaß alles im Überfluß und wollte doch tot sein. Der einzige Ausweg aus ihrem sinnlosen Dasein schien Selbstmord. Darum hat sie Tabletten genommen, aber die Ärzte konnten sie retten. Ich habe stundenlang ihrer traurigen Geschichte zugehört. Zum Schluß brach es aus ihr heraus: ›Ich hätte auf alles verzichten können, auf alles. Wenn ich nur ein wenig Zuneigung und Freundschaft erfahren hätte!‹

Der westliche Mensch ist Gefangener einer Welt, in der die öffentliche Meinung glaubt, mit Geld sei alles zu haben. Selbst der Traum vom Paradies wird ihm vom Fernsehen, in der Presse, auf Plakaten in Bussen und Bahnen, an allen Ecken und Enden zum Kauf angeboten. Für Unzählige sind die Slogans der Werbeagenturen die einzigen Dogmen, an die sie noch glauben. Zur Umsatzsteigerung setzt die Werbung zunehmend auf immaterielle Werte wie Freundschaft, Geborgenheit, Liebe, Gesundheit, Glück und Jugend. Ich habe noch nie ein altes, verhutzeltes Männchen ein Aftershave anpreisen gesehen. Es sind immer die jüngsten, frischesten, lebenslustigsten Menschen, die ein Produkt empfehlen. Sie umarmen sich, sie haben sich so lieb. Und warum? Das macht nur dieser Saft oder jenes Parfum, dieses Traumauto oder jene Traumreise.

Das ist doch der reinste Betrug, den Menschen einzureden, es gäbe äußere Mittel, um glücklich zu werden. Aber Werte wie Freundschaft und Gesundheit, Liebe und Jugend sind nicht zu kaufen. Auch Glück nicht. Glück ist wie ein Schatten, der dir folgt, wenn du nicht daran denkst.«

Das Geld und das Glück

Mit Geld kannst du dir ein schönes Haus kaufen,
aber keine Geselligkeit.
Mit Geld kannst du dir ein weiches Bett kaufen,
aber keinen Schlaf.
Mit Geld kannst du dir Beziehungen kaufen,
aber keine Freundschaft.
Mit Geld stehen dir alle Türen offen,
nur nicht die Türen des Herzens.
Glück kannst du nicht kaufen. Zum Glück!

Es muß ein Herz in allem stecken, was wir tun

»Der Mensch glaubt an die Allmacht von Wissenschaft und Technik. Aber diese Welt ist mit Vernunft und Verstand, mit Wissenschaft und Technik allein nicht zu retten. Der Mensch hat sich zu einseitig entwickelt, er hat sich überwiegend auf materiellen Fortschritt konzentriert. Die Errungenschaften der Moderne beziehen sich fast ausschließlich auf Schnelligkeit und Effizienz, Komfort und Prestige. Manche haben mir vorgeworfen, ich würde mich gegen Fortschritt, Technik und Wissenschaft stellen. Aber ich benütze ja auch die Autobahnen, die sich wie ein Teppich vor mir ausrollen. Die Technik ist eine Wohltat. Nur wenn kein Herz darin steckt, wenn der Mensch zum Sklaven von Technik und Fortschritt, von Geld und Management wird, dann ist das kein menschlicher Fortschritt mehr.

Manche meinen auch, ich hätte etwas gegen Studierte und würde auf eine gute Ausbildung wenig Wert legen. Das stimmt nicht. Ich habe größte Hochachtung vor jedem Studium. Aber ich relativiere Diplome, weil ein Diplom nur eine Garantie dafür ist, daß jemand zu einem bestimmten Augenblick einen bestimmten intellektuellen Leistungsstand erreicht hat. Damit weiß ich noch nichts darüber, ob ein Mensch mit Diplom auch mit Menschen umgehen kann. Es war immer mein Grundsatz: Wer für Menschen arbeiten will, muß sie gern haben. Wenn nicht, soll er sie in Ruhe lassen. Ich habe nichts gegen den Verstand. Er ist von großer Bedeutung, aber es muß mehr geben als Verstand. Es muß ein Herz in allem stecken, was wir tun. Kurz gesagt, es mangelt in unserer Welt nicht an Wissen, Sachverstand und Fertigkeiten, aber wir haben einen großen Mangel an Liebe.

Meine Erfahrung bleibt: Der Bereich, der in der Menschenstadt am meisten verwahrlost und am wenigsten entwickelt ist, ist das Herz. Die Krise, die wir durchmachen, ist eine geistige Krise. Der Konkurs unserer Weltanschauung ist mir vor einigen Jahren auf der internationalen Kunstausstellung ›Documenta‹ in Kassel ganz deutlich vor Augen geführt worden. Ich erinnere mich noch an einen großen Raum, darin waren lediglich ein leerer Tisch und zwei Stühle, auf denen Tag für Tag zwei Menschen saßen, unbeweglich, leblos. Ein erschütterndes Bild: Der Mensch sitzt da, mitten im Leben tot.«

Ich wiederhole, was ich
schon tausendmal gesagt habe,
damit es nicht ein einziges Mal
zu wenig gesagt ist:
Es geht um die Kultur des Herzens.
Es geht um »Mensch, ich hab dich gern«.
Um die Liebe unter den Menschen.

Dein Name steht in seiner Hand

Vielleicht steht dein Name in Notizbüchern und Terminkalendern.
Aber Notizbücher werden voll, Terminkalender veralten.
Namen verschwinden, sie werden vergessen
und manchmal sogar ausradiert.
Dein Name, das bist du selbst.
Wer deinen Namen in seine Hand schreibt,
der hat dich in sein Herz geschlossen, der hat dich gern.
Das macht Gott. Er hat deinen Namen
für immer in seine Hand geschrieben.
Du stehst ihm ganz nahe, du liegst ihm am Herzen, wer du auch seist.
Er kennt deinen Namen und wird ihn niemals vergessen.
Das ist der einzige Trost für die Trostlosen,
die einzige Hoffnung für die Hoffnungslosen.

Für eine neue Kultur

»Tief enttäuscht von der Lebenseinstellung des Westens war auch mein Freund Hans Busov. Er war Professor der Ökonomie und Agronomie an der Universität Kiew gewesen. Er sagte mir, daß der Tod sein Freund geworden sei. Er hatte in der Tat den Tod wiederholt vor Augen gehabt.

1968 mußte er fliehen, um nicht verhaftet zu werden. Mit falschen Papieren und mit Hilfe von Freunden aus Warschau und Danzig gelangte er nach Estland. Von dort zog er vier Monate und drei Tage lang zu Fuß durch die Wälder von Finnland nach Schweden. Er wanderte viele Hunderte von Kilometern nach Stockholm; völlig erschöpft, schwer krank kam er dort an, mußte in ein Krankenhaus aufgenommen und operiert werden. Er hatte sich von Baumrinde ernährt. Seine Kenntnis der Bäume und Pflanzen hatte ihm zwar das Leben gerettet, aber die rechte Niere und die Gallenblase mußten entfernt werden. Von

Stockholm kam er dann über Deutschland nach Belgien. Um zu überleben, arbeitete er hier sechzehn Stunden am Tag als Dienstbote im Century- und Waldorf-Hotel, bis er todkrank wurde. Ich hatte ihn bei uns kennengelernt. Selten bin ich einem so tief religiösen Menschen begegnet.

Er war tief enttäuscht über den Westen. ›Hier ist nichts mehr heilig‹, sagte er. ›Die Frau nicht, das Kind nicht, das Leben nicht.‹ Er hatte gehofft, hier ein bißchen Menschlichkeit zu finden. Die Lebensweise und die Mentalität des Westens hatten ihn tief schockiert, und er sehnte sich nach dem Tod. Am Karfreitag 1976 ist er gestorben.

Über den Mangel an liebevoller Menschlichkeit und Geborgenheit habe ich viel in den Gefängnissen erfahren, wenn junge Männer mir sagten, daß sie zu Hause niemals willkommen gewesen seien. Oder wenn einer mir erzählte, daß er von dem zweiten Mann seiner Mutter immer nur Schläge bekam. Er war schließlich nicht sein Sohn. Das einzige, was ihm übrig blieb, war zu fliehen, wegzulaufen. So geriet er auf krumme Wege.

Denselben Mangel an Geborgenheit fand ich bei einer jungen Frau. Am Telefon sagte sie voller Wut und Protest, daß sie bereit wäre, öffentlich Selbstmord zu machen, um das Recht auf Abtreibung zu erzwingen. Viel später kam es stockend unter Tränen heraus, daß die Mutter sie immer gehaßt hätte. ›Ich bin schon längst umgebracht worden. Hätte sie mich nur abgetrieben.‹

Wenn man all diesen Menschen zuhört, hört man darin den Schrei nach Geborgenheit, nach Armen, in die man sich flüchten kann. Der Mensch bleibt einsam und stirbt verlassen, wenn er nirgends Liebe, nirgends menschliche Wärme findet. Darum brauchen wir mehr denn je eine Wende, eine neue Kultur, eine Kultur des Herzens.«

Das größte Problem unserer Zeit ist der Mensch.
Die dringendste Aufgabe, um Menschen glücklicher
und die Erde bewohnbarer zu machen,
ist die Kultur des Herzens.
Was heißt Kultur des Herzens?

Abgestorbenen Geist zum Leben erwecken.

Den Sinn des Lebens, der verlorenging, wiederfinden.

Menschliche Beziehungen, die zur Wüste wurden,

wieder aufblühen lassen.

Kultur des Herzens: eine Kultur,

die Menschen von innen anders, neu macht.

Bund ohne Namen heißt wir

Zum fünfundzwanzigjährigen Bestehen vom Bund ohne Namen in Belgien, 1984, hat Phil Bosmans Sinn und Aufgabe der Bewegung in der Broschüre »Bund ohne Namen heißt wir« zusammengefaßt. Darin beschreibt er ausführlich Profil und Inhalt des Bundes, den jahrelangen gemeinsamen Weg der »Bundesgenossen«, ihre Arbeit für eine bessere Welt und das, was sie für kleine, oft abgelehnte, ausgestoßene, vereinsamte Menschen erreicht haben. Er wendet sich an alle, die ein Herz unter ihrer Jacke haben.

»Bund ohne Namen ist eine Bewegung zur Förderung des Herzens in allen gesellschaftlichen Strukturen und in allen politischen, sozialen und wirtschaftlichen Verhältnissen. Worum geht es? Menschen Wege zum Licht zu zeigen, zu einem neuen Lebensstil. In einer Welt der Technik und Wissenschaft, der Computer und Roboter einzutreten für Menschenwürde und menschliche Werte. In einer Welt von Verschmutzung kosmischen Ausmaßes sich einzusetzen für die Bewahrung einer sauberen, natürlichen Umwelt. In einer Welt von Gewalt Wege der Gewaltlosigkeit und des Friedens zu bereiten. In einer Welt von Mißtrauen und Haß Liebe und Freundschaft unter den Menschen zu verbreiten.

Bund ohne Namen will Menschen gegen Menschen und Strukturen verteidigen in einer Welt, in der das Recht des Stärkeren triumphiert. Der kleine, konkrete Mensch soll in der Mitte des gesellschaftlichen Denkens, des wirtschaftlichen, sozialen und politischen Geschehens stehen. Bund ohne Namen versucht, Menschen wieder ein Zuhause zu geben, kleine Oasen für Menschen in der Wüste der modernen Welt. Bund ohne Namen ist der stille, hartnäckige Versuch von Tausenden ganz normaler Menschen, diese Welt wieder bewohnbar zu machen.«

Kultur des Herzens

Kultur ist an erster Stelle Sorge für Geist und Herz und Verbesserung der menschlichen Beziehungen. Träger der Kultur sind nicht diejenigen, die Kulturpaläste, riesige Sportarenen und kostbare Museen bauen, sondern jene, die menschliche Probleme lösen, das Problem des menschlichen Zusammenlebens und Zusammenarbeitens. Kultur hat wesentlich damit zu tun, daß Mensch und Gesellschaft menschlicher werden.

Beim Bund ohne Namen geht es um die Basiskultur des Menschen; wenn diese Kultur fehlt, fehlt jegliche Kultur. Alles steht und fällt mit der »Kultur des Herzens«. Sie umfaßt den ganzen Menschen und das ganze menschliche Zusammenleben. Es geht um die Verteidigung menschlicher Werte wie Güte, Freundschaft, Versöhnung, Mut, Vertrauen, Hoffnung. Aber auch und vor allem um die Verteidigung des kleinen und schwachen Menschen, der nur zu oft von Stärkeren ausgenützt wird. Für Phil Bosmans geht es im Bund ohne Namen allein um Liebe. »Jemand hat das Wort ›Liebe‹ tief in unser Herz geschrieben. Sie ist es, die uns treibt, sich für andere einzusetzen und etwas gegen die schreiende Not so vieler zu tun.«

Er freut sich, wenn bei vielen im Bund das tiefere Motiv ihres Einsatzes ein religiöses ist. Aber »man muß nicht ausgesprochen religiös sein, um ein religiöses Motiv zu haben«. Für ihn wohnen Menschen, die glauben, und Menschen, die nicht glauben, Christen und Humanisten, kirchlich Gebundene und Freigeistige, Menschen von links und Menschen von rechts, alle zusammen in demselben Dorf, das Erde heißt. Unermüdlich wiederholt er, daß »wir einander anvertraut sind, um in Freundschaft zusammenzuleben. Wir gehören zueinander und sind füreinander verantwortlich.«

Oft wurde er gefragt, warum es Bund »ohne Namen« heißt. Darauf antwortete er gern mit hintergründigem Humor: »Bund ohne Namen hat deshalb noch keinen Namen, weil er noch nicht getauft ist.« Der Standort des Bundes ist für ihn ganz klar: »Bund ohne Namen gehört dorthin, wo Menschen leben. Er läßt sich keinem Lager zuordnen, er will keine politische, weltanschauliche oder kirchliche Bindung eingehen, er ist weder rechts noch links. Wohl will er eine geistige Leere ausfüllen. Und das tun wir durch die Verbreitung der Botschaft Jesu, aber ohne das Firmenzeichen einer Kirche. Für mich haben Katholiken oder Protestanten, traditionalistische oder charismatische Bewegungen keineswegs das Monopol auf Jesus. Jesus ist nicht zu einer Gruppe oder einer bestimmten Sorte von Menschen gekommen, sondern zu allen. Jeder Mensch ist für ihn der Mühe wert. Jesus bleibt das göttliche Angebot an alle Menschen aller Zeiten, aller Rassen und Sprachen und aller Überzeugungen. Auch heute will er, daß alle Menschen die Wärme einer liebevollen Geborgenheit erfahren. Wer in Liebe lebt, ob er nun gläubig oder ungläubig ist, lebt bewußt oder unbewußt im Magnetfeld eines Gottes, der Liebe ist.

Darum behaupte ich: Es besteht kein Widerspruch zwischen einem gesunden Humanismus und einem gesunden Christentum. Beide liegen auf einer Linie. Wo Humanisten sich absetzen von Christen, weil diese gläubig sind, ist ihr Humanismus sehr verdächtig. Wo Christen sich von Humanisten absetzen, weil diese nicht gläubig sind, ist ihr Christentum verkrampft und verkümmert.«

Was ist das Christentum?

Das Kommen von »Licht« in die Nacht dieser Zeit.
Das Kommen von »Frieden« in das Herz der Menschen.
Das Kommen von »Freude« in alles Leid hinein.
Das Kommen von »Leben« in eine sterbende Welt.
Das Kommen von »Liebe« in eine lieblose Gesellschaft.
Das Kommen von »Gott« in Menschen von Fleisch und Blut.

Mit einer organischen Struktur

Etwas Charakteristisches für den Bund ohne Namen ist, daß er ohne fest-umrissene Strukturen arbeitet. Menschen sind etwas Lebendiges. Auf eine ideelle Bewegung kann man nicht ohne weiteres Maßstäbe eines Wirtschaftsbetriebes übertragen. Deshalb hat der Bund keine hierarchische, sondern eine organische Struktur, bei der alles von unten nach oben und von innen heraus wächst. Die wichtigsten Leute des Bundes sitzen nicht oben, sondern unten. Es sind die Menschen, für die der Bund gegründet wurde, um sie geht es zuerst und zuletzt. Deshalb darf man nicht einfach betriebswirtschaftliche Strukturmodelle kopieren. Hierzu wird Phil Bosmans sehr deutlich.

»Ich habe mich nie als ein Arbeitgeber von Sozialarbeitern oder von sozial sich engagierenden Menschen verstanden. Zwar arbeiten beim belgischen Bund ohne Namen mehrere Dutzend fest angestellte Mitarbeiter und Mitarbeiterinnen für die verschiedenen Aufgaben und Einrichtungen. Sie werden bezahlt. Und trotzdem muß immer eine gewisse Mentalität der Freiwilligkeit erkennbar bleiben als Zeichen dafür, daß sie sich bewußt zur Hilfe für Notleidende entscheiden und sich dafür von innen heraus engagieren. Die hauptamtlichen Mitarbeiter können nur dank der Unterstützung durch viele Ehrenamtliche, Förderer, Sympathisanten des Bundes wirken. Der Bund ist wie ein Leib, bei dem jedes Glied seine Aufgabe hat. So kann die Hand nicht eifersüchtig auf das Herz sein, weil das Herz auch in der Hand schlägt.

Im Bund sind wir zusammen verantwortlich, aber wir wissen wohl, daß die Verantwortung des einen größer ist als die eines anderen. Es gibt in der Tat Hauptverantwortliche, aber es darf nie um ihre Macht gehen. Es kommt nicht auf herrschende Überordnung oder Unterordnung an, sondern auf die Gastfreundschaft des Herzens untereinander und zu jedem Menschen. Unsere Bewegung darf kein Geschäft, kein Betrieb werden. Wenn als innerer Antrieb Herz und Seele fehlen, stirbt alles ab. Dann kann man den Bund ohne Namen begraben.

Ich habe mich auch immer gegen die Behauptung gewehrt, der Bund ohne Namen hätte in Wirklichkeit doch einen Namen, nämlich Phil Bosmans. Das ist nicht wahr. Bund ohne Namen hat tausend Namen. Zwar habe ich jahrelang das Brot gebacken, aber die Tausende Weizenkörner kamen von überall her. Es gab manche, die halfen kneten; andere standen am Ofen, und wieder andere sorgten dafür, daß das Brot zu den Menschen kam. Darum habe ich geschrieben: ›Bund ohne Namen heißt wir.‹ Wer in seinem Herzen bereit ist, an der Verwirklichung unserer Ideale mitzuwirken, gehört für mich dazu. Hauptamtliche, Förderer, Sympathisanten, Spender, ich nenne sie alle Engel. Sie sind es, die im Dienst unzähliger Menschen in Not stehen, Menschen, die entwurzelt und obdachlos sind, die an den Rand der Gesellschaft geraten sind.

Wenn es beim Bund ohne Namen eine Gruppe gibt, die Ansprüche stellen kann, dann sind es die Menschen, die uns brauchen, und die vielen einfachen Menschen, die uns finanziell und moralisch unterstützen, Menschen, die sich für Kranke, Behinderte, Alte einsetzen. Wir stellen den kleinen Menschen in den Mittelpunkt und versuchen, nicht vom Bund her, sondern von der Not der Menschen her zu denken und zu handeln.

Der Mensch ist nicht für unsere Bewegung, sondern unsere Bewegung ist für den Menschen da. Das hat weitreichende Folgen. Das verlangt andauernde Besinnung, Selbstüberwindung und gleichzeitig ein grenzenloses Vertrauen. Wer genügend einfach ist, um alles von Gott zu erwarten, wer tiefen Respekt vor einfachen Menschen hat, wer jeden kleinen Menschen der Mühe wert hält und dafür auch Zeit erübrigt, ist beim Bund ohne Namen am rechten Platz.«

Engel wirken im Schatten
und tun Wunder,
ohne es zu wissen.
Engel sind Menschen,
die Mut machen.
Für Engel ist jeder Mensch
der Mühe wert.

»Hebelkarten«: Lebensphilosophie in Sprüchen

Phil Bosmans hat von jung an mit Worten und Wendungen gespielt. Und auch heute noch ist er von der Kraft des Wortes überzeugt, auch des geschriebenen Wortes. Als er noch Student war, ließ er im Zug und im Bus Zettel liegen, auf die er treffende Gedanken geschrieben hatte. Er hoffte, die Sätze würden bei denen, die sie fanden, einschlagen. Es war dann auch nicht weiter verwunderlich, daß ihn die Spruchtexte besonders reizten, als er 1957 beim Bund ohne Namen anfing. Die Aktion »Hebelkarte«, so wurden die monatlichen Spruchkarten genannt, wollte einen Hebel ansetzen, einen Impuls geben zu einer besseren Welt. Die Worte sollten Menschen zu einem menschlicheren Verhalten aufrufen. Sie bieten Lebensweisheit in kleinen Portionen.

»Ich war noch nicht lange beim Bund ohne Namen, da fing ich mit eigenen Spruchtexten an, immer ausgehend von dem Leitwort: ›Verbessere die Welt, fang bei dir selbst an.‹ Den Spruch habe ich nie vergessen. Ich bin überzeugt: Neunzig Prozent von allem Leid der Welt tun die Menschen sich selbst an. Darum darf man das Schlechte nicht immer bei anderen suchen. Jeder will die Welt verbessern, aber meistens will er damit beim Nachbarn anfangen. Es ist auch nicht gut, alle Schuld auf Institutionen oder auf den Staat zu schieben. Der Staat ist zwar ein schwerfälliges Gebilde, ein großer Elefant, der auf kleine Gras-halme keine Rücksicht nimmt. Aber ihm alle Schuld anzulasten, ist ein allzu bequemes Alibi für Leute, die viel reden und wenig anpacken.

Der Mensch ist das einzige Wesen, das sich selbst ändern und so das ei-gene und das gemeinsame Leben verändern kann. Wir täuschen uns, wenn wir meinen, eine neue, bessere Gesellschaft sei die Aufgabe von Ministern und Managern, von Politikern und Experten. Es sind die Menschen, die sich selbst und so die Welt besser machen müssen. Ich sage: Der Staat kann nicht einen Kranken besuchen, Strukturen kön-nen nicht mit einem Behinderten spazieren gehen. Aber wir Menschen, wir können das.«

Phil Bosmans ist ein Meister im Formulieren von prägnanten, ein-prägsamen Spruchtexten geworden. Sie wurden sein Markenzeichen. Dafür brauchte er keine Psychologen oder Werbetexter. Seine Inspira-tion waren die Menschen mit ihren Erfahrungen, ihren guten und ihren schlechten Tagen. Er hat immer die Lebensweisheit zu schätzen gewußt, die unsere Vorfahren in Sprichwörtern und Redensarten fest-gehalten haben. Diese Lebensweisheit droht jetzt verlorenzugehen, in Wörterbüchern und Speziallexika zu verkümmern. Im täglichen Um-gang hört man nur noch selten solche Weisheitsworte. Die Sprache ist versachlicht, verflacht. Wissenschaft und Technik haben uns eine Com-putersprache gebracht, aus der die Weisheit weggeflogen ist.

Die Wörter haben ihre Flügel verloren, weil sich bei der Wahrheit im selben Wort die Lüge eingenistet hat. Lebenserfahrung muß dem Spezialistenwissen weichen. Die aufgeblasenen Stars der Spaßgesell-schaft treten an die Stelle der Menschen mit Humor und prophetischer Weisheit. Aber damit findet sich der Bund ohne Namen nicht ab. Auf seine Weise und in seinem Stil will er den Menschen in regelmäßigen Abständen ein bißchen Lebensweisheit bieten.

Das alles kann ein Wort werden:
eine Geburt von neuem Leben,
ein Stück Brot für einen neuen Anfang,
ein Stern, der vom Himmel fällt.
Wenn ein Wort das Herz erreicht,
wird das Herz verwandelt.

Wie ein Spruch geboren wird

»Das Entstehen eines Spruches ist schwierig und einfach zugleich.
Schwierig, weil er nicht das Produkt von Reflexionen und Grübeleien
ist. Er ist nicht das Ergebnis angestrengten Nachdenkens. Er läßt sich
nicht programmieren. Man kann nicht einfach morgens aus dem Bett
steigen und sagen: Jetzt will ich mal einen Spruch machen. Aber zugleich ist seine Entstehung etwas Einfaches: Er fällt einem oft einfach
zu, er ist ein Geschenk. Er ist wie eine reife Frucht, man muß sie nur
pflücken. Er entsteht aus der Nähe zu den Menschen. Blitzartig leuchtet er bei einer Begegnung, einem Erlebnis auf.

Eines Abends war ich in einer Gaststätte, um mit ein paar Freunden
zu reden. An der Bar saß ein Mann, den ich nicht kannte, und trank
sein Bier. Als er erfuhr, daß ich vom Bund ohne Namen sei, meinte er,
daß er Menschen gerne sähe, das wäre sein Hobby. ›Sie haben mir einen
wunderbaren Spruch gegeben‹, sagte ich. Darauf seine spontane, humorvolle Reaktion: ›Und wieviel kriege ich dafür?‹ Das Wort dieses
Unbekannten wurde zur Spruchkarte: ›Menschen gern sehen – das ist
mein Hobby.‹

Ein andermal sah ich, wie jemand fürchterlich auf andere schimpf-
te. Er lief vor Wut rot an. Dabei war er für gewöhnlich die Ruhe in Person, die Freundlichkeit selbst. Aber jetzt gingen die Sicherungen durch.
Danach verwandelte sich das Bild von dem wütenden Mann wieder ins
Gegenteil. Aus dieser Erfahrung entstand der Spruch: ›Wie häßlich bist
du, wenn du wütend wirst!‹

So ein Satz kommt einem manchmal direkt über den Weg gelaufen.
Das erlebte ich ganz deutlich bei dem Spruch: ›Menschenskind, ich hab'

dich gern!‹ In meiner Limburgischen Heimat gebraucht man das Wort
›menslief‹ (deutsch etwa: Menschenskind, Mein lieber Mann, Liebe
Leute) zigmal am Tag, es ist ein Allerweltswort, wir führen es ständig
im Mund. Eines Tages fuhr ich aus der Limburger Gegend nach Antwerpen zurück. Die Gespräche in den vergangenen Stunden gingen mir
noch durch den Kopf. Auf einmal wurde mir das Wort ›menslief‹ ganz
neu bewußt. Was für ein wunderbares Wort: Lieber Mensch! Wieviel
Wärme und Zuneigung spricht daraus! Als ich unter der Autobahn-
brücke hinter Hasselt durchfuhr, war der Spruch geboren: ›Menschenskind, ich hab dich gern.‹ Damit sollte den Leuten bewußt werden, was sie eigentlich sagen, wenn sie gedankenlos ›menslief‹ sagen:
Du bist ein lieber Mensch, ich hab' dich gern, ich halte große Stücke von
dir, ich hab' dich lieb.«

Nicht länger an Geld und Besitz glauben.
Nicht länger an Macht glauben.
An das Licht glauben.
An Güte und Liebe glauben.
An das Leben glauben.
An Menschen glauben.
Sein eigenes Leben verbessern,
nicht auf eine bessere Welt warten.

Früher oder später bekommst du einen Trumpf

*»Mir ist durchaus bewußt, daß nicht alle Sprüche jeden ansprechen.
Aber wir spielen viele Karten.* Früher oder später findet jeder einen
Trumpf. Typisch für viele Spruchkarten ist, daß sie fundamentale
Wahrheiten ansprechen. Liebe, Herzlichkeit, Freundschaft, Güte, Gerech-
tigkeit, Mitleid sind zeitlos. Darüber muß man nicht streiten.

Aber Bund ohne Namen lancierte auch Sprüche, die auf Tages-
probleme anspielen. Ich habe immer versucht, den Zeitgeist zu treffen.

Die Sprüche sollen den Menschen einen Anstoß zum Nachdenken geben über das Leben, über sich selbst, über ihre Mitmenschen, über die Umwelt. Der Impuls muß verständlich sein. Darum müssen die Sprüche möglichst klar, anschaulich, unmittelbar, pointiert sein und je nachdem humorvoll oder ernst.

Es gibt ganz zustimmende Sätze: ›Lob ist wie eine Feder. Menschen bekommen Flügel.‹ ›Leben ist Parken in der Sonne.‹ Manchmal findet man bei uns in Belgien neben der Türklingel den Spruch angebracht, der auch eine Art Klassiker geworden ist: ›Egal, ob schönes oder gar kein Wetter: Willkommen!‹ Aber es gibt auch Sprüche mit doppelbödigem Humor: ›Denk an deine Linie, blas dich nicht auf.‹ ›Sich krank lachen ist gesund.‹ Eigentlich ist jeder Spruch ein Aufruf, ein Appell. Das kommt am stärksten zum Ausdruck in den Texten, die Unrecht, soziale Ausbeutung, Machtmißbrauch oder Mißtrauen aufs Korn nehmen. Hier bin ich auch der kleine Kobold, der den modernen Götzen auf die Zehen tritt: ›Leben heißt geben und nehmen. Wir nehmen zuviel.‹ ›Auch eine dreckige Zunge verschmutzt die Umwelt.‹ ›Überheblichkeit – der Doktorhut der Dummheit.‹

Manchmal fragt man mich, was denn die Sprüche letzten Endes bewirkt hätten. Ich weiß es nicht. Was ich aber weiß, ist, daß viele Menschen dankbar dafür sind. Einmal hat mich sogar der Staat als ein Sicherheitsrisiko überwacht. Das war 1963. Anlaß war der Spruch: ›Vernichtet eure Kernwaffen: Haß, Habgier, Gemeinheit.‹ Die Karte gelangte auch in Kasernen. Weil der (französischsprachige) militärische Sicherheitsdienst das nicht richtig verstand, wurde Alarm geschlagen. Man sah in dem Aufruf: ›Vernichtet eure Kernwaffen‹ einen geheimen Anschlag auf Disziplin und Loyalität der Soldaten. Es folgte eine Untersuchung, bei der schließlich herauskam, daß der Bund ohne Namen doch nicht so gefährlich sei. Um die Akte zu schließen und nicht allzu lächerlich dazustehen, wurde beschlossen, den Bund ohne Namen weiterhin zu beobachten, weil er eine Bewegung mit pazifistischen Neigungen wäre.

Ich bin nicht so naiv zu meinen: Wenn ich den Text drucken lasse: ›Nüsse sollst du knacken. Aber niemals Menschen‹, dann wäre am nächsten Tag alle Gewalt aus der Welt geschafft. Was die Sprüche in den Herzen von Menschen bewirken, das kann keine Statistik erfassen. Anfangs hatte auch ich selbst manchmal Zweifel, ob sich durch die Sprüche irgend etwas tut. Aber im Laufe der vielen Jahre habe ich doch immer wieder erfahren, daß sie nicht selten ein zündender Funke sind, einen bleibenden Eindruck hinterlassen, eine Veränderung in Gang bringen.

Eines Tages schrieb mir ein Mann, der Spruch: ›Bist du zu Hause auch so sympathisch?‹ hätte ihn, ohne daß ich ihn kennen würde, ganz genau getroffen: ›Außer Haus bin ich ein prima Kerl, aber zu Hause das Gegenteil.‹ Er gab mir recht, etwas, was er bei seiner Frau niemals getan hätte. ›Hätte sie mir so etwas jemals an den Kopf geworfen, ich weiß nicht, ob im Zimmer alles heil geblieben wäre‹, schloß er.«

Die Spruchkarten nahmen eine sprunghafte Entwicklung. Zehntausende wurden verbreitet, heute sind es an die zweihundertfünfzigtausend in Belgien. Sie kamen zu Einzelpersonen und in Familien. In öffentlichen Einrichtungen, Straßenbahnen und Bussen, in Läden und Zeitungskiosken wurden sie ausgehängt.

Einige Jahre nach den Spruchkarten kam das Kontaktblatt K 13 dazu. Das hat nichts mit der Unglückszahl 13 zu tun. Es ist ein versteckter Hinweis auf das Kapitel 13 im 1. Korintherbrief, wo Paulus das Hohelied der Liebe singt. K 13 ist ein Informationsblatt, das über alles berichtet, was im Bund ohne Namen vor sich geht.

Zum Beispiel

Gute Politik: Nicht gackern, Eier legen!
Weniger reden, mehr tun – alles geht besser.
Wir werden nicht größer, wenn wir andere kleiner machen.
Ein Prozent Hilfe ist mehr als hundert Prozent Mitleid.
Die Hölle machen wir uns selbst, den Himmel auch.
Immer nur fordern – macht dich kaputt.
Angst vor morgen kommt immer einen Tag zu früh.
Links: Menschen. Rechts: Menschen. Überall: Menschen.
Geh beizeiten schlafen! Morgen mußt du freundlich sein.
Komm zur Vernunft, entdecke dein Herz!

Vitamine für das Herz. Unerwartet ein Bestseller

Phil Bosmans hat niemals etwas angefangen, weil eine Experten-gruppe darüber eine Konferenz abgehalten hat. So wie hinter jedem Wort, das er sagte oder schrieb, der lebendige Mensch mit seiner Hilflo-sigkeit und Verzweiflung steckte, mit seinem Verlangen nach Glück und Geborgenheit, so entstanden seine oftmals kühnen Projekte aus ganz elementaren Bedürfnissen.

Das galt auch für »Vitamine für das Herz«, einen telefonischen An-sagedienst, den er seit März 1961 anbot. »Ich kam auf die Idee, als ich hörte, daß man sich per Telefon sein Horoskop für den Tag oder die Wo-che holen kann. Da wird dann den Menschen gesagt, was sie tun und lassen müssen, um in der Liebe oder in Geldangelegenheiten Glück zu haben. Ich fragte mich: Kann man nicht etwas Ähnliches für Menschen tun, die mutlos und verzweifelt sind, die ein gutes Wort brauchen? Am 21. März 1961 begann ich mit den ›Vitaminen für das Herz‹. Wer eine bestimmte Telefonnummer wählte, hörte, daß der Bund ohne Namen ihm oder ihr helfen möchte, glücklich zu sein. Jeder konnte jederzeit tags oder nachts die Nummer anrufen, um ein Vitamin für das Herz zu bekommen. Es war kein Notruftelefon für Selbstmordkandidaten. Wer telefonierte, hörte ein Band, auf das ich etwas gesprochen hatte, wie man mit Mißerfolgen, mit Verstimmungen und Verstörungen fertig wird, etwas über die Sonnenseiten des Lebens und über die Kunst, heute glücklich zu sein.

Die Initiative schlug ein. An manchen Tagen kam die Nummer nicht zur Ruhe. In der Telefonzentrale in Antwerpen hat man einmal die Rekordzahl von 620 Anrufen an einem Tag notiert. Die Nummer ›Vitamine für das Herz‹ gehörte zu den am meisten angerufenen Telefondiensten. Damit war einmal mehr bewiesen, wie groß das Bedürfnis nach einem guten Wort ist. Das bestätigten auch die Reaktionen der Hörer. So bekam ich allerlei Geschenke; ein Mann bedankte sich für die Vitamine, sie hätten ihm zu einer besseren Nachtruhe verholfen als Schlaftabletten.«

Von den »Vitaminen für das Herz« ging offensichtlich eine große Anziehungskraft aus. Viele fragten nach den Texten. Der Bund ohne Namen gab zwei Broschüren mit jeweils zwanzig dieser »Vitamine« heraus. Phil Bosmans hat sich nie mit der Absicht hingesetzt, ein Buch zu schreiben. Die »Vitamine« waren die Grundlage dafür, daß er auch als Schriftsteller so erfolgreich wurde. Jede Woche einen neuen Text zu schreiben erfordert eine gewisse Disziplin. Hier entfaltete er sein angeborenes Talent, in treffenden Worten, manchmal ganz unverblümt und dann wieder in humorvoller Einkleidung, Tausende von Menschen anzusprechen. Scheinbar mühelos spielte er mit Worten. In anschaulichen Wendungen sprach er unbewußte Sehnsüchte und Ängste der Menschen an, forderte sie zum Handeln auf, ermutigte sie zu einem sinnvolleren Leben. Er hatte es auf das Herz des Menschen abgesehen, das oft leidet und unglücklich ist, das Verständnis, Trost und guten Rat sucht.

»Weil so viele Menschen nach den Texten der ›Vitamine für das Herz‹ fragten, kam eines Tages 1971 ein Direktor des Verlags Lannoo mit dem Vorschlag, daraus ein Buch zu machen. Er wollte die ›Vitamine des Herzens‹ einem breiteren Publikum nahebringen und schlug vor, hundert der kurzen Texte als Buch zu veröffentlichen. Das war kein Problem, denn ich hatte Texte genug. Als die Gestaltung des Buches zur Debatte stand, schlug ich ein ganz ungebräuchliches Format vor, ein großes Hochformat, das eigentlich in kein Bücherregal paßt. Ich dachte, daß genug Bücher in Bücherregalen sterben. Ich wollte, daß mein Buch lieber irgendwo herumlag und zum Lesen reizte.

Nach ein paar Wochen kam der Verlagsmann wieder und sagte, die Vertreter des Verlags hätten in Belgien und Holland erst zwei Buchhandlungen gefunden, die ein paar Exemplare bestellen wollten. Die meisten Buchhändler kritisierten, daß das Format in kein einziges Bücherregal passen würde. So war der Druck des Buches sehr fraglich geworden. Ich antwortete: ›Nicht ich habe Sie gefragt, sondern Sie haben mich gefragt. Wenn es erscheint, dann in diesem Format und in keinem anderen. Wenn Sie ein paar tausend Exemplare drucken wollen, nehme ich sie alle, denn die Menschen fragen danach.‹

So kam es, daß im September 1972 die erste Auflage erschien. Die weitere Geschichte ist bekannt. Das Buch ›Menslief, ik hou van je‹ ist ein Bestseller geworden. Auf niederländisch konnten in dreißig Jahren mehr als 60 Auflagen gedruckt und über 800 000 Exemplare verkauft werden. Das Buch wurde in vierundzwanzig Sprachen übersetzt. In Deutschland erschien es unter dem Titel: »Vergiß die Freude nicht«, hier wurden über 900 000 Exemplare verbreitet.

Das Buch faßt nur in Worte, was die meisten Menschen denken und fühlen. Es war immer meine Absicht, Menschen mit einem Wort des Trostes und der Ermutigung zu helfen. Alle meine Texte entstanden aus der täglichen Konfrontation mit der fundamentalen Ohnmacht so vieler Menschen, in dieser Welt glücklich zu sein. Die Menschen erkannten sich selbst und ihre Situation in dem, was ich schrieb. Darin liegt vielleicht der tiefste Grund des Erfolgs, der mich selbst überrascht hat. Noch immer bekomme ich Reaktionen auf dieses Buch.

Eine Mutter erzählte mir mal, daß sie regelmäßig ein Stückchen darin gelesen hätte. Dazu setzte sie sich immer ganz ruhig in einen Sessel. Eines Tages ist sie mit dem Buch auf dem Schoß eingeschlafen. Da lief ihr kleiner Sohn zum Vater, um ihm zu sagen, daß die Mama mit Phil Bosmans eingeschlafen sei. Eine schöne Geschichte.«

Eine Initiative zieht weltweite Kreise

Die Botschaft vom Bund ohne Namen wurde nicht nur durch Spruch-karten, K 13, den Telefondienst ›Vitamine für das Herz‹ und Broschüren weitergegeben, sondern auch durch Vorträge bei Vereinen, in Schulen und am Anfang auch durch Radio- und Fernsehsendungen. Jahrelang zog Phil Bosmans durchs flämische Land. Er ging auch nach Holland und in späteren Jahren vor allem nach Deutschland. Die Botschaft gelangte zu den Menschen auch durch unzählige Interviews, Reportagen und Artikel in Zeitungen und Zeitschriften, nicht nur in Belgien, sondern auch in anderen Ländern.

Bund ohne Namen entwickelte sich zu einer weltweiten Initiative. Phil Bosmans machte weite Reisen, die Möglichkeit dazu verdankte er der freundschaftlichen Hilfe von Pierre Konings von der KLM, der niederländischen Luftgesellschaft. Ihn hatte er 1967 zufällig auf dem Dach des Rockefellergebäudes in New York getroffen. Er war mit dem Nachtzug von Montreal gekommen. Er liebte Nachtzüge, weil er da immer besondere Menschen treffen konnte. Er war oft mit Nachtzügen nach Paris gefahren. Pierre brachte ihn verschiedene Male in die Wallstreet, weil, so behauptete Phil, nicht Jerusalem oder Rom das Zentrum der Welt wäre, sondern die Wallstreet, wo mit großem Geld über Leben und Tod von Millionen Menschen entschieden wird.

Dank Pierre Konings kam er öfter nach Caracas in Venezuela, auch nach Kolumbien, Chile und Argentinien. Durch die Initiative von Jef Schevernels entstand »Movimiento sin nombre« (spanisch: Bund ohne Namen) in Südamerika. Phil Bosmans bekam aus vielen Ländern Anfragen, Bund ohne Namen auch dort zu gründen. Seine Antwort war stets: »Bund ohne Namen wird nicht gegründet, sondern im Herzen von Menschen geboren, die an die Botschaft glauben und sich dafür einsetzen.«

Der Bund ohne Namen besteht heute nach dem belgischen Vorbild, aber angepaßt auf die jeweiligen Verhältnisse in Südamerika, Deutschland, Kroatien und anderen Ländern, wie zum Beispiel Ukraine, ein Versuch in der Anfangsphase. Der Erfolg der Bücher von Phil Bosmans ebnete an vielen Orten den Weg für die Bewegung. Phil Bosmans besuchte viele Länder, aber nie als gewöhnlicher Tourist. Er kam in die wichtigsten Städte von Spanien und England. Auch nach Oslo, Kinshasa, Montreal, Toronto, Ottawa, Wien und in viele andere Städte. Man wollte ihm die Kathedralen, alten Kirchen und Museen zeigen. Aber er entschied sich für Gefängnisse und Elendsviertel. Dort begegnete er in den verschiedensten Weltgegenden vergessenen Menschen und entdeckte, daß deren Probleme überall dieselben waren.

Blumenaktion. »Für andere gewinnen«

Jedes Frühjahr wurde eine Blumenaktion gestartet. Man verkaufte Blumensamen oder Blumenzwiebeln. Die Blumen waren dann aber nicht für einen selbst, sondern für kranke, einsame und verlassene, für vergessene Menschen bestimmt, die oft nichts sehnlicher erwarten als einen fröhlichen Blick, ein freundliches Wort, eine kleine Geste der Zuwendung. Nach Phil Bosmans geht es dabei um praktizierte Liebe. Blumen sind Dolmetscher der schönsten menschlichen Gefühle. Darum regte der Bund ohne Namen an, Blumen zu kaufen, zu pflanzen, zu pflücken und sie einem Mitmenschen zu bringen, der solch eine Geste besonders braucht.

Etwas Ähnliches war die Aktion »Für andere gewinnen«, eine Art Lotterie in umgekehrter Richtung. Wer etwas gewonnen hat, behält den Preis nicht für sich, das war die Grundregel. »Beim Bund ohne Namen«, sagt Phil Bosmans, »gewinnt man nicht für sich selbst. Die Gewinner machen sich auf den Weg, um mit ihrem Preis einem Kranken, Einsamen, Behinderten, Alten oder einfach einem anderen Menschen eine kleine Aufmerksamkeit zu bringen. So schmieden sie eine Kette der Freundschaft, die Geber wie Empfänger glücklich macht und miteinander verbindet.

Die Aktion ›Für andere gewinnen‹ sollte bei den Leuten eine Art sechsten Sinn dafür entwickeln, daß sie die Not eines Mitmenschen sehen. Wer einen Preis gewonnen hat, muß dann selbst die Augen aufmachen, sich auf die Suche begeben. Oft geschah es, daß Menschen hinterher schrieben: ›In unserer Straße lebte jemand, von dem wir nichts wußten, gerade mal so viel, daß es ihn gab; wir hatten ihn total vergessen.‹ Nicht selten bedankt sich der Geber für die Initiative: ›Für den, der beschenkt wurde, war das eine schöne Sache, aber für uns, die wir schenken durften, war es noch schöner.‹ Ein anderer antwortete: ›Wir haben die Freude erlebt, eine Familie glücklich zu machen. Nun haben wir neue Freunde gefunden. Vielen Dank!‹ Glückliche Welt, wo Menschen für einander wie Blumen blühen«, ist die Schlußfolgerung von Phil Bosmans.

Der Traum von der Oase

Wenn ich von einer Oase träume,
träume ich von einem Stückchen Paradies,
wo das Zusammenleben der Menschen
voller Freude und Freundschaft ist.
Menschen halten ihr Wort,
und wissen nicht, daß dies Treue ist.
Sie teilen alles miteinander,
ohne zu sagen, daß sie hilfsbereit sind.
Nichts wird groß aufgeschrieben,
weil es keine Heldentaten gibt,
denn die sind gar nicht nötig.
Alles ist so selbstverständlich,
daß die Menschen nicht einmal wissen:
Wir sind in einer Oase.

Liebe überwindet Gefängnisgitter

Phil Bosmans hat immer Kontakt zu Strafgefangenen gesucht, um ihnen beizustehen. Sie sind die vergessensten Menschen. Für die Menschen hinter Gittern sollte etwas getan werden, weil auch der straffällig Gewordene ein Mensch ist. Der Bund ohne Namen versuchte, eine Brücke zu schlagen zu einer festen Arbeit, zur Rückkehr in die Gesellschaft mit dem Ziel, den Menschen im Strafgefangenen zu retten. Phil Bosmans war überzeugt, daß Liebe in der Lage wäre, alle Gitter zu überwinden. »Die meisten Inhaftierten sind weniger Verbrecher als vielmehr schwache, sozial behinderte Menschen, die niemals ein Zuhause erfahren haben. Sie sind im Dschungel groß geworden. Manchmal sind es kranke Menschen, die vor sich selbst geschützt werden müssen.«

Für sie rief er eine Paketaktion ins Leben. Jedes Jahr zu Weihnachten bekamen alle Inhaftierten ein Paket mit ein paar Leckerbissen, dazu eine von Kindern und Jugendlichen geschriebene Glückwunschkarte, die zeigen sollte, daß sie nicht ganz abgeschrieben sind. »Was Bund ohne Namen erreichen möchte, ist, daß diejenigen, die etwas verbrochen haben, nicht als noch größere Verbrecher aus dem Gefängnis kommen. Bund ohne Namen möchte das Böse an seiner Wurzel packen, im Herzen des Menschen, denn solange das Herz von Haß und Rache erfüllt ist, wird sich in dieser Welt nichts ändern«, ist die Überzeugung von Phil Bosmans.

Die Aktion für Strafgefangene fand keineswegs überall Zustimmung. Manche hatten ihre Schwierigkeiten mit einer solchen Aktion. Andere lehnten sie rundweg ab und behaupteten, Phil Bosmans seien die Täter lieber als die Opfer. Das Gegenteil war wahr. Denn Bund ohne Namen versuchte, auch den vergessenen Opfern des Verbrechens zu helfen. Das erwies sich aber als nahezu unmöglich, weil die Opfer in der Regel unauffindbar waren.

Zur Paketaktion für die Gefangenen kam bald eine Kalenderaktion. Dabei rechnete Phil Bosmans auf die Mithilfe der Freunde im Bund ohne Namen. Das Sammeln und Sortieren der Kalender bedeutete einen solchen Zeit- und Arbeitsaufwand, daß er schließlich selbst einen Kalender für die Gefangenen druckte. Es wurde ein Erfolg. Viele Zugehörige des Bundes ohne Namen wollten auch so einen Kalender haben.

Jedes Jahr machen sich Promotoren, das sind besonders Engagierte im belgischen Bund ohne Namen, mit Kalendern und Kerzen auf den Weg zu den Mitmenschen. Phil Bosmans ist voll des Lobes über ihren Einsatz: »Sie sorgen dafür, daß ohne viel Organisation und ohne Hilfe der großen Medien die Kasse des Bundes ohne Namen für Menschen in Not immer wieder aufgefüllt wird. Sie wurden zur Rettung für Männer, Frauen und Familien, die nirgends mehr zurechtkamen. Sie ermöglichten den Start und die Finanzierung eigener Projekte, und wir konnten auch wichtige Projekte anderer unterstützen. Aber darüber hinaus gaben sie ein Zeichen der Freundschaft, der Zuwendung und Sorge für Arme und Gescheiterte.«

Finsternis kann man nicht
durch Finsternis vertreiben.
Das kann nur das Licht.
Haß kann man nicht
durch Haß heilen.
Das kann nur die Liebe.

Arbeitsstätte MIN

Im September 1959 startete Bund ohne Namen eines seiner schwie-
rigsten und heikelsten Projekte: die Arbeitsstätte MIN. MIN ist die
Abkürzung für »Menschen in Not«. Hier sollten vor allem Ex-Gefange-
ne eine Arbeitsmöglichkeit und damit eine Lebenschance bekommen.
Wenn Phil Bosmans aus seinem Leben erzählt, wiederholt er immer wieder, daß es darin kein vorgefertigtes Programm gab, sondern daß er sich
immer von der Not leiten ließ, die in tausend Gesichtern auf ihn zukam.
Darum hat er niemals viel auf Anordnungen von oben herab gegeben,
auf theoretisch ausgedachte Hilfsprogramme oder Methoden.

Jeder im Bund ohne Namen soll sich diese Unmittelbarkeit bewahren.
»Laß die Not, die du selbst beheben kannst, nicht länger bestehen. Wenn
du sie aber nicht selbst beheben kannst, sprich darüber mit anderen,

denn vielleicht könnt ihr zusammen etwas tun. Ist die Not unlösbar, dann bleib dem Notleidenden nahe, teile in aller Stille sein Leid, halte gemeinsam mit ihm Ausschau nach Lichtblicken, um die Not erträglicher zu machen. Aufmerksamkeit und Zuwendung zu Mitmenschen, die in Not sind, gehört wesentlich zu dem, was man menschliche Kultur, Kultur des Herzens nennt.«

Dabei ist sich Phil Bosmans nur allzu bewußt, daß der Bund kein Heilmittel für alle Not ist und nicht über eine Zauberformel verfügt, die alle Not behebt. Bund ohne Namen besitzt auch keinen geheimen Schlüssel, der für alle Schlösser paßt. Aber er reicht eine Hand. Er hilft tragen, sucht Lösungen in der Form von manchmal riskanten Initiativen.

Über das Entstehen der Arbeitsstätte MIN schreibt Phil Bosmans: »Sie ist erwachsen aus der manchmal tragischen Situation von Menschen, die aus dem Gefängnis entlassen wurden. Man gab ihnen den Rat, ein neues Leben anzufangen, aber in Wirklichkeit band man ihnen mit der Gerichtsakte einen Strick um den Hals. Für viele war das eine Todesstrafe auf lange Zeit, ein langsames Erwürgen. Hoffnungslos ist die Suche nach Arbeit, wenn der letzte Wohnsitz das Gefängnis war.«

Nach hundertsechsundzwanzig Versuchen

Am Anfang der Arbeitsstätte MIN liegt eine Begegnung mit einem ehemaligen Strafgefangenen: »Eines Tages traf ich einen Mann, der zehn Jahre wegen Mord in Löwen im Gefängnis gesessen hatte. Durch ein Amnestiegesetz war er schließlich freigekommen. Er war Wirtschaftskorrespondent gewesen, sprach fließend vier Sprachen. Als er entlassen wurde, wußte er nicht wohin. Nur seine alte Mutter, die seinerzeit bei der Nachricht von seinem Verbrechen einen Schlaganfall bekommen hatte, nahm ihn auf. Sie war die einzige der Familie, die ihn nicht verstoßen hatte. Der Mann wollte arbeiten, denn er wollte nach Möglichkeit etwas gut machen und bestimmt nicht von den Spargroschen seiner Mutter leben. Er bewarb sich, lief von einem Betrieb zum anderen, schrieb Stapel von Briefen.

Schließlich wurde er von einer Firma für elektrische Haushaltsgeräte auf Probe angestellt. Er bestand die Probezeit, und ich forderte für ihn in Brüssel die notwendige Handelsvertreterkarte an. Aber die wurde abgelehnt, weil er im Gefängnis gesessen hätte. Seine Enttäuschung war so groß, daß er sich fragte, was er noch anfangen sollte. Er hätte so gern seiner alten Mutter noch etwas Freude auf ihre alten Tage verschafft.

Ich wußte darauf keine Antwort. Wir hatten es an 126 Stellen versucht, er mit Schreiben und ich mit Telefonieren. An der 127. Stelle schließlich ließ sich der Personalchef von dem Schicksal des Mannes beeindrucken und gab ihm Arbeit. Aus dieser quälenden Erfahrung heraus beschloß ich, eine Arbeitsstätte in eigener Regie aufzumachen. Ich wollte ehemaligen Gefangenen irgendwie Arbeit verschaffen, damit sie sich selbst helfen könnten. Denn Arbeit war für sie Brot und ein Halt. Ohne Arbeit drohten sie wieder zu stranden, die Versuchung zu neuen Straftaten war übergroß. Gerade als ich mich zu diesem Entschluß durchgerungen hatte, bot mir jemand seine alte Gaststätte an. ›Sie können darüber verfügen. Sie können damit machen, was Sie wollen‹, sagte er.

Ich fing ein großes Abenteuer an und ging ein großes finanzielles Risiko ein. Ich hatte keine kapitalkräftigen Beziehungen, es gab keine Unterstützungen, von beschützenden Werkstätten war 1959 noch keine Rede. Es waren keine Leute für die Leitung der Arbeitsstätte da, außer den ehemaligen Gefangenen selbst, so wie Tuur, der Frau und Kinder sitzen gelassen hatte und ganz heruntergekommen war. Ich hatte Leon, der eine feste Adresse haben mußte, weil er sonst wieder hinter Gitter gesetzt wurde. Ich hatte Staf, der ein paar Jahre später tödlich auf der Straße verunglückte und den man vierzehn Tage in die Kühlkammer legte, um zu warten, ob irgendwelche Angehörigen kämen, und viele, viele andere. Gottseidank fand ich einen pensionierten Lehrer, einen Mann mit wunderbarer Tatkraft und unglaublichem Einfühlungsvermögen. Allein hätte ich es wahrscheinlich nicht durchgestanden.«

Ein Engel: jemand, den dir Gott
in dein Leben schickt, einfach so,
unvermutet und unverdient,
um dich seine Freundschaft,
seine Zärtlichkeit spüren zu lassen,
um dir eine Freude zu machen,
um dich mit dem Leben
an dunklen Tagen zu versöhnen.

Eine Brücke zu fester Arbeit

»Das erste Jahr Arbeitsstätte MIN war schwer. Wir erlebten unliebsame Überraschungen. Aber wir machten weiter, weil wir überzeugt waren, daß die Arbeitsstätte für viele Menschen eine Rettung war. Arbeit war ›Brot‹, das beste Mittel, um das Selbstwertgefühl wieder herzustellen. Wir wollten entwurzelten Menschen eine Brücke zu fester Arbeit bauen, einmal durch unsere eigene Arbeitsstätte und dann auch dadurch, daß unsere Leute an andere Betriebe ausgeliehen wurden in der Hoffnung, sie würden dort feste Arbeit finden. So waren wir eigentlich das erste Zeitarbeitsbüro.

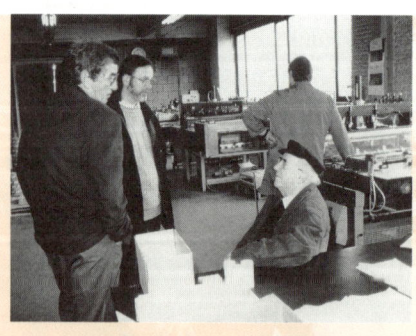

Es gab Leute, die sich an den Kopf faßten und unser Vorgehen für verrückt erklärten. Wir beschäftigten in der Arbeitsstätte nicht nur ehemalige Gefangene. Es kamen auch kleine selbständige Gewerbetreibende dazu, die in Konkurs gegangen waren. Uns waren Behinderte willkommen. Es handelte sich dabei um Behinderte, die zu sehr behindert waren, um Arbeit zu finden, und zu wenig behindert, um eine angemessene Beihilfe zu bekommen. So kamen sie in der Arbeitsstätte zusammen: Behinderte, Menschen ohne Arbeitslosenunterstützung und ehemalige Gefangene.

Bei allen Schwierigkeiten war es doch schön, zu erleben, wie sie sich umeinander kümmerten. Als ein junger Mann einen Arbeitsunfall hatte und in die Klinik gebracht werden mußte, hielten seine Kollegen aus der Arbeitsstätte spontan eine Sammlung. Am nächsten Tag zogen sie damit und mit einem Körbchen Obst in die Klinik. So zeigten sie, daß auch in ihnen ein Herz steckte, Menschen, die für die allermeisten abgeschrieben waren.

Doch ich mußte auch mal jemanden wegschicken. Er wurde gewalttätig und schlug alles kurz und klein. Ich sagte ihm: ›Ich mache verdammt alles, um dir zu helfen, und jetzt machst du das. Dies Haus ist für jeden, aber nicht für einen, der es abreißt.‹ Der Mann fluchte und tobte, aber er ging weg. Später kam er, um sich zu bedanken: ›Sie sind gut zu mir gewesen‹, sagte er sichtlich gerührt.«

Menschen, die keiner haben will

Nach zwei Jahren Arbeitsstätte MIN zogen plötzlich Gewitterwolken auf. Bund ohne Namen hatte in den vergangenen Jahren mehr als drei Millionen an Löhnen ausbezahlt ohne einen Franken Zuschuß von der Behörde. Nun machte der belgische Staat Ärger. Der Bund hatte für die Arbeiter keine Sozialabgaben bezahlt und stand mit 160 000 belgischen Franken in der Kreide. Es kam ein Brief des Ministers, in dem die Zahlung gefordert wurde. Phil Bosmans hatte sich strafbar gemacht und mußte sich verantworten. Persönliche Schritte und Interventionen von Freunden nützten nichts. Er wurde aufs Ministerium vorgeladen. Zwei Mitarbeiter des Ministeriums empfingen ihn sehr freundlich und voller Verständnis für seine Situation, obwohl sie nichts machen konnten. Sie gaben ihm den Rat: ›Gehen Sie in die Höhle des Löwen.‹ Und Phil Bosmans ging zur obersten Leitung.

»Man erklärte mir mit aufgeschlagenen Gesetzestexten, daß ich zahlen müßte. Ich war mit ihnen völlig einer Meinung, daß die Arbeiter ein Recht auf soziale Sicherheit hätten. Deshalb sucht sich jeder Arbeitgeber seine Leute aus. Sie haben, wenn sie auf die Straße gesetzt werden, soziale Sicherheit verdient. Aber mein Fall liegt genau andersherum. Ich sagte: ›Ich nehme Menschen, die man nirgends haben will, mit allen Folgen. Heute sind sie da, morgen sind sie vielleicht wieder weg. Wenn ich Sozialabgaben dafür bezahlen muß, kann ich die Arbeitsstätte gleich zumachen. Normale Arbeitgeber nehmen diese Leute nicht, nicht zuletzt, weil sie den ganzen Verwaltungskram scheuen. Jetzt sagen Sie mir, was besser ist: den Leuten keine Arbeit geben und sie wieder in die Kriminalität schicken oder ihnen helfen, da herauszukommen. Die Männer kommen zu mir mit einem Schreiben der Vollzugsanstalt, worin deutlich steht: ›Es wurden keine Abzüge für Sozialabgaben für die im Gefängnis verrichtete Arbeit einbehalten.‹ Wenn ich dafür bestraft werden soll, dann müssen Sie auch die Gefängnisse bestrafen.‹ – ›Sie haben recht‹, war die Antwort. ›Das ist in der Tat ein Problem, das prüfen wir.‹ – ›Dann prüfen Sie meinen Fall auch gleich mit‹, sagte ich. Einen Monat später bekam ich ein Schreiben von einem Direktor des Ministeriums, worin stand, daß ich von Sozialabgaben befreit sei.«

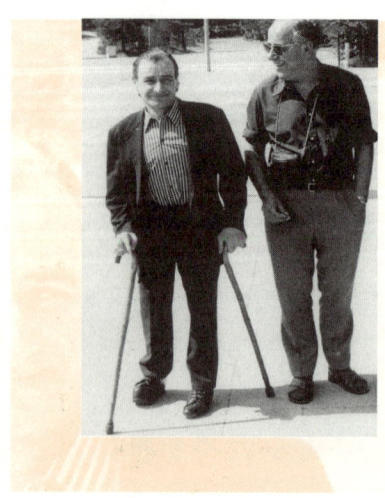

Vergiß die schönen Tage nicht.
Du brauchst kein Super-Optimist zu sein.
Aber für einen, der alles schwarz sieht,
geht die Sonne am Morgen unter.

Mit Politikern auf Tour

Der Prozeß war abgewendet. Aber damit waren die Aussichten für ehemalige Gefangene nicht besser geworden. Zu jener Zeit existierten Menschen wie sie für die öffentliche Meinung noch nicht. Und doch liefen sie lebendig durch die Straßen. Anlaufstellen, Betreuer, beschützende Werkstätten gab es noch nicht. Belgien hinkte hinter den Niederlanden hoffnungslos hinterher. Das stellte Phil Bosmans bei seinen Besuchen im Nachbarland fest.

»Wir sind nach Holland gegangen, um zu sehen, was man dort für diese Menschen tut. Was wir dort sahen, kam uns vor wie ein Traum. Wir besuchten zwei von mehr als 180 sozialen Werkstätten. Wir wurden durch große, helle Arbeitsräume geführt, aufgeteilt nach der Arbeitsfähigkeit der einzelnen. Wenn wir da an unsere armselige, primitive Arbeitsstätte in Antwerpen dachten, kamen wir uns wie in einem ganz anderen Zeitalter der Zivilisation vor. Es blieb uns nur eine Möglichkeit: Wir mußten unsere Politiker unmittelbar mit den Fakten konfrontieren.

Im Frühjahr 1964 mietete Bund ohne Namen einen Bus und lud Politiker zu einem Besuch in der Arbeitsstätte MIN ein. Dann fuhren wir zu großen Werkstätten in Goes und Middelburg in die Niederlande. Der gewaltige Unterschied zwischen Holland und Belgien in Sachen Betreuung für gescheiterte, entwurzelte und behinderte Menschen war unübersehbar. Das führte zu einem Schock bei unseren Politikern. Der Besuch gab einen Anstoß zu einer Neuordnung und Gesetzgebung, mit der die Errichtung von beschützenden Werkstätten in unserem eigenen Land geregelt werden sollte.«

Am 10. September 2000 feierte die Arbeitsstätte MIN das vierzigjährige Bestehen. Tausende Männer haben hier gearbeitet. Das war nur möglich durch den Mut und den Einsatz vieler. Hier wuchs im Laufe der Jahre eine Sozialeinrichtung, die jetzt aus zwei Werkstätten besteht. In der größeren arbeiten fünfundsiebzig Menschen. Vom ursprünglichen Ziel wurde keinen Deut abgewichen: Die Arbeitsstätte MIN will ein Betrieb sein mit einem Herzen für die Menschen, die wegen ihrer sozialen, mentalen, psychischen oder physischen Behinderung in unserer modernen, mitleidlosen Gesellschaft nicht mithalten können. Nach wie vor wird ehemaligen Gefangenen und Menschen ohne Arbeitslosenunterstützung zu einer festen Arbeit verholfen. Die Arbeitsstätte MIN versucht, so gut wie möglich eine Brücke zu sein zu einer festen Anstellung in einem normalen Betrieb. In den letzten fünfundzwanzig Jahren lag die Leitung bei Bruder Jaak Winten. Er baute auch das Damian-Haus auf, ein Haus für Männer ohne ein Zuhause.

Jeder Mensch, der auf die Welt kommt,
ist sein Leben lang
auf der Suche nach Geborgenheit,
auf der Suche nach Menschen,
die ihn aufnehmen und gern haben,
bei denen er Wärme findet und Halt.

Haus Anne-Françoise

Obdachlose Frauen, die im Gefängnis saßen, finden nur schwer einen Weg zurück in die Gesellschaft. Sie werden ein leichtes Opfer gewissenloser Ausbeuter. Schon in den Anfangsjahren des Bundes ohne Namen wurde Phil Bosmans mit den Problemen dieser Frauen konfrontiert. Auch hier hielt er sich an seinen Grundsatz: Worte allein genügen nicht, es muß etwas getan werden. »Ein Prozent Hilfe ist mehr als hundert Prozent Mitleid«, war sein Leitmotiv. Aus einer Sozialuntersuchung 1960 ging hervor, daß es in Antwerpen kein einziges Haus für obdachlose Frauen gab. 1963 fand darüber eine große Versammlung verschiedener sozialer Behörden statt. Es geschah nichts. Damals hatte Phil Bosmans eines Abends in der Weihnachtszeit ein unerwartetes Zusammentreffen mit einem jungen Mädchen. Aus dieser Begegnung entstand das Haus Anne-Françoise.

»Als ich nach Hause fuhr, sah ich sie im Regen stehen, zunächst wie einen Schatten. Es war ein junges Mädchen mit aufgelösten Haaren, pitschnaß. Als einziges Gepäck hatte sie die deutsche Illustrierte ›Quick‹ in der Hand. Sie wollte zurück nach Straßburg, von wo sie aus einem Heim geflohen war. Drei Wochen lang hatte ein Mann für sie gesorgt. Sie hatten zusammen von seinem Geld gelebt. An jenem Tag hatte er sie für einen Augenblick in einem Café abgesetzt, war aber nicht zurückgekommen. Sie weinte. Sie saß bei mir im Auto, und ich wußte keinen Rat. Ich bin herumgefahren, um für sie ein Dach und ein Bett zu finden. Schließlich bin ich zur Polizei gefahren, weil ich dachte, daß die wohl eine Lösung wüßten. Darin täuschte ich mich gründlich. Sie haben das Mädchen die ganze Nacht im Büro behalten, während sie vom Regen noch ganz naß war. Ich protestierte, aber vergeblich.

Es tat mir leid, daß ich sie nicht ins Kloster mitgenommen hatte, auch wenn es gegen die Regeln war. Am nächsten Tag hat die Polizei das Mädchen auf den Zug gesetzt, nach Straßburg. Dieser Vorfall gab den Ausschlag, ein Frauenhaus aufzumachen.«

Erschüttert durch diese Erfahrung und enttäuscht vom vielen Reden über die Probleme, sollte Phil Bosmans später schreiben: »Es wird viel in der Welt geredet. Es herrscht kein Mangel an Konferenzen und Kommissionen, Klubs und Kaffeekränzchen. Wenn Reden die Welt retten würden, könnten wir schon längst auf beiden Ohren schlafen. Wir dürfen nicht sagen: Das ist aber schlimm. Das ist schon tausendmal gesagt. Wir müssen etwas tun.«

Alles hängt zusammen

So wie es ein physisches Gewebe gibt,
worin sich der Mensch im Mutterschoß entwickelt,
so gibt es ein unsichtbares geistiges Gewebe,
das der Mensch braucht, um Mensch zu werden.
Ein Geflecht aus vielen Erfahrungen,
erwünscht, angenommen und geliebt zu sein.
Ein Netz aus Gedanken des Zeitgeistes,
aus Lebensüberzeugungen und Wertvorstellungen.
Lebenslügen belasten das Netz und zerreißen es.
Menschen fallen dem Zerstörungsprozeß zum Opfer.
Oft hatten sie keine Chance, Gutes zu erleben,
und nicht selten scheitern sie schließlich als Mensch.

Der Tod stand in der Tür

*1965 mietete der Bund ohne Namen ein Wohnhaus in Antwerpen,
nicht sehr weit vom Prostituiertenviertel entfernt.* Das Haus bedurfte
einer gründlichen Renovierung und mußte auch entsprechend umgebaut werden. Mit Hilfe des Bauordens und vor allem einiger Brüder
der Prämonstratenserabtei Tongerlo wurde diese große Aufgabe in ein
paar Monaten bewältigt. Zu Weihnachten 1965 sollte das Heim eröffnet
werden.

»Ich hatte vom weiblichen Zweig unserer Ordensgemeinschaft, den
Montfortaner-Schwestern, zwei tatkräftige Frauen bekommen, die das
Heim leiten sollten. Sie freuten sich darauf, anzufangen, und hatten
alles vorbereitet. Da mußte die Jüngere zum Arzt. Die Diagnose war
niederschmetternd, wie ein Keulenschlag: Krebs. Sie wurde bestrahlt,
aber nach einem kurzen Leidensweg starb sie. Kurz danach stürzte die
andere Schwester die Treppe herunter. Fünf Tage später haben wir
sie begraben. Das Haus war fertig mit zehn möblierten Zimmern und

einem Reservezimmer für nächtliche Notfälle. Und nun war plötzlich niemand mehr zur Betreuung da. Da habe ich bei der Kongregation erneut nach einer Schwester gefragt und eine phantastische Frau bekommen.

Ich hatte mehrere Gründe, um mit Ordensfrauen zu arbeiten. Für die Arbeit des Heims bekam ich keine Zuschüsse. Zum Glück konnte ich auf die Promotoren des Bundes ohne Namen bauen, mit dem Kerzenverkauf sorgten sie für finanzielle Einnahmen. Viele Freiwillige brachten das Haus in Ordnung. Weil alles so wenig wie möglich kosten durfte, setzte ich auf die Schwestern. Ich brauchte ihnen im ersten Jahr nur den Unterhalt zu geben. Aber es gab noch einen zweiten und wichtigeren Grund. Die Arbeit für ›Menschen in Not‹ verlangt so viel Einsatz und Großherzigkeit, daß man nicht auf die Uhr schauen darf. Man braucht Menschen, die bereit sind, ihr ganzes Leben einzusetzen. Wer Menschen in Not nur gegen Bezahlung hilft, hat nur halb geholfen.

Nach dieser dramatischen Vorgeschichte konnte das Haus schließlich am 29. Januar 1966 eröffnet werden. Es bekam den Namen ›Haus Anne-Françoise‹, ein Hinweis auf eine junge Missionsschwester, die 1964 während der blutigen Unruhen in Zaire auf schreckliche Weise durch einen Offizier der Rebellen ermordet wurde. Überzeugt davon, daß zwischen den Menschen über den Tod hinaus eine tiefe Verbindung besteht, legte ich das Haus in ihre Hände. Bei der Eröffnung, bei der viele Menschen aus dem Gerichts- und Sozialwesen anwesend waren, habe ich die Hoffnung ausgesprochen, daß auch die Behörden uns entgegenkommen und unsere Initiative unterstützen.«

Einander Hoffnung geben heißt:
einander Mut machen.
Wir können die Wüste
nicht auf einmal verändern,
aber wir können anfangen
mit einer kleinen Oase.
Wo eine Blume wieder blühen kann,
werden einmal tausend Blumen blühen.

Ich glaube

Gott ist nicht der gute Mensch,
aber in jedem guten Menschen
kommt er uns entgegen.
Gott ist nicht die Blume,
aber in jeder Blume
ist er vorübergegangen.
In allem, was lebt, hat Gott
eine Spur seiner Liebe hinterlassen.
Ich glaube an Gott.
In jedem Grashalm entdecke ich
seine Handschrift.

Warum sind Sie so gut zu mir?

Noch vor der offiziellen Eröffnung war schon eine Frau im Haus Anne-Françoise aufgenommen worden, am Abend davor. Sie hatte sich tagelang ziellos herumgetrieben und konnte nirgends Unterkunft finden. Verzweifelt ging sie schließlich an die Schelde. Dort wurde sie von der Polizei aufgegriffen. Die brachte sie in das Heim.

»Sie kam abends um sechs, hoffend gegen alle Hoffnung. Sie hatte bereits an so vielen Türen geklopft und war am Ende ihrer Kräfte. ›Wenn Sie mich nicht aufnehmen, kann ich nicht mehr und mache Schluß. Es ist zu viel.‹ Sie sackte in sich zusammen und weinte. Die Schwestern gaben ihr ein weiches Bett und trösteten sie wie ein Kind. Es dauerte zwei Tage, bis sie wieder halbwegs normal denken und sprechen konnte. Dann sagte sie: ›Schwester oder Mutter, was soll ich sagen? Wie ist das möglich, warum sind Sie so gut zu mir? Sie kennen mich doch gar nicht. Noch nie in meinem Leben habe ich so etwas erlebt.‹ – ›Wir haben Gott gern, und Gott hat sie gern‹, sagte die Schwester, ›und wir wollen seine Liebe zu Ihnen sichtbar und spürbar machen.‹ – ›Gott? Ja, Gott, das ist lange her.‹

Sie war aus Kanada. Warum sie aus Montreal geflohen war, blieb ihr Geheimnis. Wir waren in unserem Haus keine Untersuchungsrichter. Manchmal sagte sie etwas von einem Sohn. Saß er im Gefängnis? Hatte er ein Verbrechen begangen? Hatte sie selbst etwas damit zu tun, oder hat sie aus lauter Scham ihr Land verlassen? Es blieb ihr Geheimnis. Die Frau blieb einige Monate im Haus Anne-Françoise. Dann bekam sie ein Flugticket nach Montreal mit einem Telegramm: ›Ihr Sohn ist zu Hause. Kommen Sie schnell zurück.‹ – ›Das ist das Ende einer schrecklichen Geschichte‹, sagte sie. ›Wie bin ich Ihnen dankbar!‹ Am 15. April 1966 ist sie in aller Stille abgereist. Sie war die erste in einer langen Reihe von kleinen Menschen, die in dieser großen, harten und kalten Welt fast zu Tode erdrückt worden waren und die im Heim Anne-Françoise neuen Lebensmut auftanken konnten.«

Der Hauptzweck des Hauses war erklärtermaßen die Aufnahme von Frauen, die aus dem Gefängnis kamen oder die aus der Prostitution weg wollten. Es war nicht als Asyl oder Nachtquartier für zufällig obdachlose Frauen vorgesehen. Es wollte ebenso wenig ein Zufluchtsort für psychisch Kranke sein, die ärztliche Betreuung brauchten, oder ein Heim für alte Frauen.

»Unser Haus mit zwölf Zimmern war immer voll. Oft waren mehr als zwölf Frauen da, und manchmal hatten sie ein Kind bei sich. Wir mußten Anfragen ablehnen oder weitergeben. Frauen, die aus dem Gefängnis entlassen worden waren und die von einem Tag auf den anderen ohne Beziehungen und Unterhalt auf der Straße standen, gingen immer vor. Das Haus war ein echtes warmes Zuhause, wo sie mit viel Verständnis, Geduld und Freundschaft rechnen konnten. Manche blieben nur einige Tage oder Wochen. Andere ein Jahr oder länger, bis sie wieder ihr Gleichgewicht gefunden hatten und sich in der Gesellschaft zurechtfinden konnten.

Später kamen auch Frauen, die von ihrem Mann vor die Tür gesetzt worden waren, und ledige Mütter. Ab und zu brachte die Polizei eine Frau für eine Nacht herein, weil sie sonst in der Polizeiwache auf einem Stuhl hätte übernachten müssen. Ich übertreibe nicht, wenn ich sage, daß wir Tausende Frauen aufgenommen haben. Als wir einmal einen ›Tag der offenen Tür‹ veranstalteten, kamen an dem Tag mehr als fünf Anfragen um Aufnahme, aber das Haus war voll. Als ein Besucher sein

Bedauern darüber ausdrückte, antwortete die Verantwortliche lakonisch: ›Das ist sicher bedauerlich, aber wenn wir allen Anfragen nachkommen wollten, bräuchten wir nicht ein Haus, sondern alle Häuser in dieser Straße.‹ Das Haus in der Violier-Straße wurde in der Tat zu klein. Bund ohne Namen suchte ein geräumigeres Haus, und im August 1983 zogen wir in die Sint-Vincentius-Straße um.

Für viele Frauen aus allen Lebensaltern und allen gesellschaftlichen Schichten wurde das Heim Anne-Françoise ein echtes Zuhause. Viele fanden hier den Hafen, wo sie zur Ruhe kommen und einen neuen Anfang finden konnten. So wurde für viele oftmals das Unmögliche wieder möglich. Bis heute gilt die Grundregel: Ein Auffangheim bedeutet nichts und hat gar keinen Sinn, wenn innerhalb der Wände kein warmes Herz schlägt für Menschen, die vor Kälte in dieser kalten Welt umkommen.«

Was ich wünsche

Ich möchte, daß du
wenigstens einen Menschen hast,
bei dem du geborgen bist
und daß du jeden Tag
wenigstens einen Augenblick erlebst,
an dem du dich freust,
und daß du wenigstens
ein paar Menschen um dich herum
glücklich machen kannst
mit deiner Freundlichkeit und Güte.

Hotel MIN – ein gastfreundliches Zuhause

Ehemalige Strafgefangene gaben Phil Bosmans den Anstoß zu manchmal ziemlich gewagten Initiativen. Mit angeschlagenen und gescheiterten Menschen geht die Gesellschaft nicht selten hart und gnadenlos um. Kommen sie aus dem Gefängnis, müssen sie oft auf eigene Faust ein neues Leben beginnen. Sie bekommen eine billige Bude über einer Kneipe, weil man weiß, daß sie dann unten ihr Geld lassen werden.

Darum machte der Bund ohne Namen im März 1973 das Hotel MIN auf. Das »gastfreundliche Haus für Menschen auf dem Weg« mit seinen dreißig Zimmern war bestimmt für Menschen auf dem Weg zu einem normalen Leben. Es war kein Hilton-Hotel, wo es nach gepflegten Leuten riecht und wo Service und Bequemlichkeit nur gegen Geld zu haben sind. Es hatte aber einen gemütlichen Aufenthaltsraum mit Billard, Lesestoff, Musik und alkoholfreien Getränken. Es gab einen gemeinsamen Speisesaal, eine Küche und ein Fernsehzimmer. Ein Team aus einem Psychiater, Sozialarbeitern und Freiwilligen versuchte, den Hotelgästen den Weg zurück in die Gesellschaft zu ebnen. Immer wenn Phil Bosmans von seinen »Gästen« erzählte, spürte ich, wie sehr ihm das Schicksal gequälter Menschen zu Herzen geht. Die Verwirklichung des Hotels MIN war ein kleines Wunder für sich.

»Für den Bau des Hauses fehlten mir sechs Millionen Franken (damals etwa 300 000 DM). Durch die Ausgabe von Zertifikaten über zinslose Darlehen wurde das nötige Geld beigebracht. Manche Menschen gaben ihre Spargroschen, andere ein Stück ihrer manchmal kärglichen Rente, wieder andere setzten ihr Urlaubsgeld in Zertifikate um. In den fünf darauffolgenden Jahren sollte das Darlehen zurückgezahlt werden, aber ohne Zinsen. Von dem geliehenen Geld habe ich kaum die Hälfte zurückzahlen müssen. Viele lösten die Zertifikate nicht ein, so daß Hotel MIN nicht nur durch die zinslosen Darlehen, sondern auch durch die vielen geschenkten Darlehen möglich wurde.

Ich habe immer ein grenzenloses Vertrauen auf die Vorsehung gehabt. Wenn ich in Not war, schickte Gott immer den einen oder anderen

Engel. Ich erinnere mich noch, wie eines Tages ein einfacher Mann zu ungelegener Stunde hereinschneite. ›Entschuldigen Sie‹, sagte er, ›Sie werden wenig Zeit haben, aber ich fasse mich kurz.‹ Er griff in seine beiden Hosentaschen und holte Geldscheine heraus. ›Für Ihre Arbeit‹, sagte er. Ich fragte: ›Kann ich erfahren, von wem?‹ Aber er antwortete: ›Hier ist doch alles ohne Namen.‹ – ›Dann lassen Sie mich Ihnen auch etwas geben‹, sagte ich und schenkte ihm ein signiertes Exemplar des gerade erschienenen Buches ›Menslief, ik hou van je‹. Er dankte und verschwand. Ich zählte die Geldscheine: fünfundvierzigtausend Franken. Jemand vom Büro fragte, von wem das Geld sei. ›Ich weiß es nicht‹, sagte ich, ›es könnte der Engel Gabriel gewesen sein. Er ist im Menschengewühl der Hauptstraße verschwunden.‹

Ich bleibe dabei und wiederhole, daß unsere Gesellschaft viel zu hart gegen ehemalige Strafgefangene ist. Sie bleiben für ihr ganzes Leben gebrandmarkt. Wenn etwas passiert, werden sie als erste verdächtigt. Wie oft werden sie verhört, wenn irgendwo jemand umgebracht wurde! Im Hotel MIN bekommen sie ein Zuhause, hier können sie zum Atmen kommen. Sie begegnen Menschen, die sie gern haben. Liebe und Geduld sind wichtig.

Die vielen Gefangenen, die ich, wo auch immer in der Welt, aufgesucht habe, kamen immer auf ihre Kindheit und Jugend zurück. ›Man wollte mich nicht. Ich war nicht willkommen.‹ Jeder Mensch, jedes Kind, das auf die Welt kommt, hat ein unveräußerliches Recht auf menschliche Wärme, auch körperliche Wärme. Jeder Mensch bleibt sein Leben lang auf der Suche nach Geborgenheit. Im Hotel MIN legen wir größten Wert auf familiäre Atmosphäre, auf gemeinsames Tun, denn allein kommt man niemals aus dem Loch heraus. Aber es passiert auch, daß jemand weggeschickt werden muß, wenn diese Familienatmosphäre zu sehr gefährdet oder abgelehnt wird.

Manchmal sind die Wunden so tief, daß man nur mit viel Geduld die Mauern des Mißtrauens abtragen kann. Der Gefängnisseelsorger hatte uns vor einem gewarnt: ›Seien Sie bei ihm vorsichtig, denn er wird wütend, wenn man freundlich ist.‹ Wenn ihm zum Beispiel bei Tisch etwas gereicht wurde, schob er das weg und sagte: ›Ein Hund nimmt sich selbst.‹ Das einzige, was wir für ihn tun konnten, war, ihn links liegen zu lassen. Der Mann landete erneut im Gefängnis. Von dort fragte er an, ob er wieder nach Hause kommen dürfte, wenn er frei käme. Die Worte ›nach Hause kommen‹ sagten so viel aus, die Verantwortlichen des Hotel MIN waren davon tief berührt. Der Mann kam zu uns zurück. Jetzt lebt er, verheiratet, in unserer Nähe, aber nach seiner Arbeit kommt er jeden Tag ins Hotel MIN zu einer Tasse Kaffee und einem Schwätzchen.

Wie viele Menschen auf solche Weise ein Zuhause gefunden haben, weiß ich nicht genau. Aber ich weiß, daß Hotel MIN für sehr viele Menschen ein Halt außerhalb des Gefängnisses geworden ist und daß vielen geholfen wurde, ihren Platz in der Gesellschaft wieder zu finden. Im Hotel MIN können schlimme Wunden heilen, können Menschen mit tiefen Narben aufs neue an die Liebe glauben.«

Einander Hoffnung geben heißt:
füreinander Verantwortung tragen.
Einander Hoffnung geben heißt:
einander Leben geben.
Einander Hoffnung geben heißt:
miteinander Freundschaft schließen.

Reparaturdienst MIN. Das Herz braucht Hände

Als Phil Bosmans in Antwerpen wohnte, mußte er sehr bald feststellen, daß viele Menschen in ungesunden, menschenunwürdigen Wohnungen oder Zimmern lebten. Meistens waren es alleinstehende Alte, Behinderte, Kranke, unbekannte Einsame. Er rief eine Gruppe von Freiwilligen zusammen, die kleine Umzüge für die Ärmsten durchführte. Daraus entstand später der »Reparaturdienst MIN«. Bund ohne Namen kaufte einen Lieferwagen und übernahm alle Kosten für Lohn, Transport und Material.

»Zwei, drei Männer, die zupacken konnten, halfen Leuten, die es allein nie geschafft hätten, weil sie weder gesundheitlich noch finanziell dazu in der Lage waren. Meine Männer hatten goldene Hände. Sie strichen und tapezierten, reparierten Wasser-, Gas- und Lichtleitungen, machten Kleinumzüge und ferner Dinge, wofür selbst Menschen, die es bezahlen konnten, schwer einen Fachmann bekommen konnten. Kurz, sie machten Hunderte kleine Reparaturen und oftmals aus einem Loch einen wohnlichen Raum. Alles geschah gratis, es sei denn, die Leute bestanden absolut darauf, etwas zu geben.

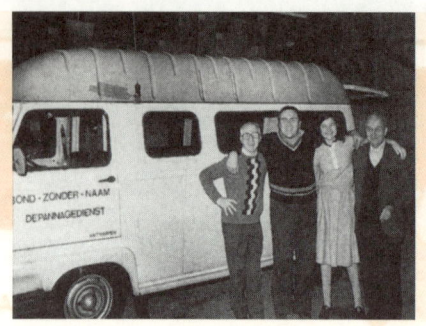

Der Reparaturdienst hat Wunder vollbracht. Die Leute konnten es oft überhaupt nicht begreifen, daß Männer einfach ankamen, gratis arbeiteten, bis alles in Ordnung war, und dann an eine andere Stelle gingen, ohne auf Geld oder Dank zu warten. Das Prinzip war das genaue Gegenteil von dem, was ich die Krankheit unserer Zeit nannte: daß alles Geld bringen muß. Bei dieser Arbeit ist viel Schönes entstanden. Unsere Männer hatten Zeit für die Menschen, bei denen sie halfen. Aus den Kontakten entstand mehr als einmal eine Freundschaft, und viele Leute sahen mit Bedauern die Männer zur nächsten Adresse weiterziehen.«

Menschen gerne sehen heißt:
sie freundlich ansprechen,
ihnen helfen, wo sie Hilfe brauchen,
ihnen beistehen in Stunden der Not.
Oft heißt das: aus sich herausgehen,
über den eigenen Schatten springen,
vom hohen Roß heruntersteigen.

Café ohne Bier

Unzählige Menschen suchen Kontakte zu anderen Menschen. Der Umgang mit Langzeitarbeitslosen, mit ehemaligen Gefangenen und Obdachlosen hatte Phil Bosmans gezeigt, wie wichtig es ist, sie aufzufangen. Sie brauchen einander, um Schritte in eine harte Gesellschaft zu wagen, die von ihnen nichts wissen will. Das »Café ohne Bier« entstand im Zusammenhang mit der Arbeitsstätte MIN. Die Möglichkeit, arbeiten zu können, ist sehr wichtig. Aber ebenso wichtig ist, in der übrigen Zeit mit guten Bekannten zusammen zu sein. Doch was sollen solche Menschen nach der Arbeitszeit machen, wie verbringen sie die arbeitsfreien Tage, was fangen sie mit endlos langen Wochenenden an? Phil Bosmans wollte sie aus dem tödlichen Kreislauf von Einsamkeit, Alkoholismus, Verwahrlosung und dem Gefühl, zu nichts mehr zu taugen, herausholen. Darum eröffnete er 1978 das »Café ohne Bier«. Es war eine Oase für Menschen, die sich in der Wüste der Stadt fremd und verlassen vorkamen. Es wurde kein Alkohol angeboten, aber es war gemütlich.

»Da war ein Billardtisch, und man konnte fernsehen. Wir wollten vor allem einen Raum schaffen, wo Menschen in einer Atmosphäre freundschaftlicher Vertrautheit zusammen sein konnten. Zuerst kamen sie ein bißchen zögerlich über die Schwelle, aber die Hemmungen wurden schnell überwunden, weil sie dort Menschen trafen, die ihrer Geschichte zuhörten. Wir reichten ihnen behutsam eine Hand, aber ließen sie doch frei. Wir drängten nichts auf; sie konnten sein, wie sie waren. Viele haben den Weg zum Café ohne Bier gefunden. Sie kamen auf einen Sprung herein, vor allem abends, tranken Kaffee, ein Erfrischungsgetränk, aßen eine Suppe und redeten mit den anderen.

Von Anfang an wollte das Café ohne Bier mehr bieten als ein bißchen häusliche Geselligkeit. Die Freiwilligen, die oft hinter dem Tresen standen, organisierten auch Wanderungen, Abende mit Kartenspielen, Geburtstagsessen, ja ganze Wochenenden. Sie versuchten so viel wie möglich die Gäste selbst in die Organisation der Aktivitäten einzubeziehen. Im Café ohne Bier geschieht bis heute sehr viel, wovon die Welt nichts weiß. Nichts Sensationelles; es sind die kleinen Dinge, die in Wirklichkeit groß und die in jedem Menschenleben so wichtig sind.«

Roma – Menschen ohne Rechte

In Belgien lebt eine kleine Gemeinschaft von Roma. Diese Gruppe der Zigeuner war von den Nazis während des Zweiten Weltkriegs erbarmungslos verfolgt worden. Aber auch 1974 war ihr Los immer noch wenig beneidenswert. Sie wurden als Parias behandelt. Wegen ihres Wohnsitzlosenausweises galt für sie das Vierundzwanzigstundengesetz, d. h. sie durften nirgendwo länger als vierundzwanzig Stunden bleiben. So waren sie total abhängig von der örtlichen Behörde, die sie lieber heute als morgen los sein wollte.

Weihnachten 1973 sollte Phil Bosmans nie vergessen. Die Roma hatten sich am Nordhafen niedergelassen, um das Fest zu feiern, aber die Polizei stand schon da, um sie zu vertreiben. Am frühen Morgen ging er zum diensthabenden Kommissar und rief den zuständigen Bürgermeister an, bekam aber nur die Sekretärin an den Apparat. Er hatte das Fernsehen verständigt und sagte, daß das Publikum einen ganz schlechten Eindruck von der Gastfreundschaft Antwerpens bekommen würde, wenn die Zigeuner an Weihnachten vertrieben würden. Das Fernsehen kam, und schließlich durften die Roma bis nach dem Fest bleiben, aber er müßte dafür sorgen, daß sie dann verschwanden.

Eine ganze Nacht saß Phil Bosmans auf dem Rathaus, weil sie noch in derselben Nacht weg sollten. Die Polizei griff nicht ein. Nach einer langen Diskussion fragte er den Bürgermeister: »Was für Rechte haben die Zigeuner noch?« – »Keine«, war die Antwort. Er rief alle Gemeinden rund um Antwerpen an, aber keiner wollte sie haben. Schließlich brachte er sie vorübergehend auf ein Stück stillgelegte Schnellstraße. Es folgte ein langer Kampf mit Gemeinden und Behörden. Aber alle Gespräche, Briefe und Eingaben führten zu nichts.

Unmittelbare Kontakte zu den Zigeunern zeigten noch deutlicher, wie aussichtslos ihre Lebenssituation war. Der Bund ohne Namen wollte, daß man die Eigenart und die eigene Kultur dieses landfahrenden Volkes respektierte, und suchte nach einer menschenwürdigen Lösung ihrer Probleme. Man hätte zum Europäischen Gerichtshof in Straßburg gehen können, um den belgischen Staat zu verklagen, weil er sich nicht an die Konvention der Menschenrechte hielt. Aber so ein Gerichtsverfahren würde eine lange Geschichte werden. Darum entschied sich Phil Bosmans zu einer Protestaktion, zu einem direkten Eingreifen, selbst wenn das illegal war.

Der erste feste Standplatz für Zigeuner in Belgien

»Wir haben im November 1974 in Mortsel, einer Gemeinde der Bannmeile von Antwerpen, ein Gelände für die Zigeuner gepachtet, um es auf eigene Kosten mit den notwendigen Anschlüssen zu versehen. Die Bewohner waren empört, als sie hörten, daß Zigeuner kommen würden. Auch die Ortsbehörde war keineswegs begeistert. Und ich hatte nicht einmal eine Baugenehmigung. Ich durfte auch nichts aufgraben und mußte doch sechshundert Meter durch das Gelände der Gemeinde, um Wasser und Elekrizität zu verlegen. Ich hatte verschiedene Male um Zustimmung angefragt, aber sie vergaßen immer, das zu besprechen.

Nachdem ich sowohl das Innenministerium als auch die Provinz und die Gemeinde Mortsel benachrichtigt hatte, fing ich mit den Arbeiten an. Ich schrieb ihnen, wenn sie beabsichtigten, die Arbeiten zu stoppen, sollten sie diese Absicht ruhig haben. Ich würde auf jeden Fall weitermachen. Vor allem die Gemeinde Mortsel war wütend und wollte das verhindern. Ich habe geantwortet, daß sie recht hätten, aber sie haben die Arbeit nicht verhindert. Wohl ist die Polizei gekommen, um alles zu beobachten. Später erfuhr ich, daß der Innenminister den Regierungspräsidenten der Provinz Antwerpen abends angerufen hätte; er möge der Gemeinde Mortsel mitteilen, daß sie mich beginnen lassen sollten. Der Minister sah das Projekt als ein Experiment an und wollte sehen, wie es ausginge.

Das Gelände war vorbereitet, und am 10. November 1974 bekamen vier Roma-Familien in Mortsel einen festen Standplatz. Es kamen auf dem Gelände noch viele andere Zigeunergruppen dazu. Dann überstürzte sich alles. Am 14. Januar 1975 wurde der Wohnsitzlosenausweis abgeschafft, etwas, was wir mit all den Briefen und Eingaben nicht erreicht hatten. Von April 1975 an wurden die Zigeuner als Fremde anerkannt. Das Tor zu einem menschenwürdigen Leben lag offen vor ihnen. Es war ein kleiner Anfang, aber er kostete enorm viel Mühe und viel Geld.

Nachdem der erste Schritt getan war, ging es um die weitere Begleitung der Zigeuner. Mit der Abschaffung des Sonderausweises gerieten die Zigeuner in die Mühlen der Verwaltung, wo sie sich nicht auskannten und keinen Rat mehr wußten. Die meisten von ihnen konnten weder lesen noch schreiben. Der Bund ohne Namen stellte jemanden an, der von Anfang an mitgearbeitet hatte und mit ihren Problemen vertraut war. Er verbürgte sich für die Alphabetisierung der Kinder und der Erwachsenen. Das geschah in ehemaligen Zugwaggons, die wir bekommen hatten. Ich erinnere mich lebhaft, wie manche Menschen, auch manche Politiker, unseren Einsatz für die Zigeuner argwöhnisch ansahen. Wenn sie meinten, mir auf die Finger schauen zu müssen, antwortete ich stets, daß ich die Arbeit machte, die sie liegen lassen würden, und daß sie dafür zu sorgen hätten, daß alle Menschen ihre Rechte bekämen.

Fremde sind auch Brüder

Als die ersten Arbeiter aus dem Ausland, Fremdarbeiter, nach Belgien kamen, kümmerte sich der Bund ohne Namen um ein gastfreundliches Klima ihnen gegenüber. 1965 wurde der Spruch verbreitet: »Fremde sind auch Brüder.« Um den Spruch herum stand in sieben Sprachen: Willkommen.

Es war die Zeit, in der man Ausländer als billige Arbeitskräfte nach Belgien lockte. Die Arbeiten, für die sich Belgier zu fein waren, durften sie verrichten. Aber viele Gastarbeiter verkümmerten in dem irdischen Paradies, das man ihnen vorgaukelte. Ihre Integration war ein mühsamer Prozeß. Sie waren entwurzelt und heimatlos. Mit der Zeit wuchs eine neue »Apartheid« heran. Bund ohne Namen gab eine Broschüre heraus, um ein größeres Publikum auf ihre Probleme aufmerksam zu machen.

Als man in den siebziger Jahren das Nordviertel in Brüssel abriß, waren die Fremden und Gastarbeiter die großen Opfer. Fünfzig Hektar wurden enteignet und eingeebnet, um modernen Großbauten Platz zu machen. Der Abriß bedeutete den Tod eines volkstümlichen Stadtteils. Das Nordviertel hieß bald das Mordviertel. Ein arabisches Kind schrieb über die Trümmer: »Sie machen alles kaputt. Sie reißen mein Zuhause ab. Da sollen jetzt neue Häuser kommen, ganz große.«

Stadt ohne Mensch

Baut nur weiter, Menschen,
an der großen Weltstadt,
ein Hochhaus neben dem anderen.
Zieht tausend Drähte und legt tausend Rohre,
um Menschen mit Menschen zu verbinden.
Baut nur weiter, Menschen.
Die Stadt ist leer, die Stadt ist tot,
und der Mensch stirbt vor Kälte,
weil ihm menschliche Wärme fehlt,
Zuwendung von Menschen, Geborgenheit.
Der Mensch wird sterben,
wenn er tausend Dinge hat
und nicht einen Menschen.

Kräutergarten und Oase-Hof

Phil Bosmans ist verliebt in die Natur. Das wird überdeutlich aus allem, was er sagt und schreibt. Bilder aus der Natur fließen wie selbstverständlich in seine Texte ein. Nachdrücklich betont er, daß der Mensch eine neue Freundschaft mit der Natur suchen muß: »Der Mensch hat sich viel zu sehr von der Natur zurückgezogen. Er hat sich festgesetzt in Beton, Stahl und Glas, wo es kalt und hart ist. Wollen wir an Leib, Geist und Seele gesund bleiben, dann müssen wir uns wieder mehr auf die Lebenskräfte der Natur einlassen.«

Phil Bosmans hatte sich hinter dem Kloster selbst einen kleinen Kräutergarten angelegt, das war sein Hobby. So war er ständig in engem Kontakt mit der Natur. Als man erfuhr, daß er Heilkräuter liebte, bekam er so viele Kräuterbücher geschenkt, daß er eine ganze Bibliothek davon hat. Von der Natur hat er viel gelernt. Die starken, üppig wuchernden Pflanzen muß man beschneiden, um den schwachen und kleinen Licht und Luft zu verschaffen. Er fand, daß man das auch in der

Gesellschaft tun muß. Die Großen etwas kleiner, die Starken weniger stark, damit die Kleinen und die Schwachen mehr Luft zum Leben bekommen. An die fünfunddreißig verschiedene Kräuter wuchsen bei ihm. Es ist bitter für ihn, daß er seit seiner Lähmung auch seinen Kräutergarten loslassen mußte.

Ein großes Projekt der Naturverbundenheit begann im Oktober 1983. Bund ohne Namen erwarb gemeinsam mit einer anderen Gruppe einen Hof mit 24 Hektar Land in der Nähe von Brügge. Der Landwirtschaftsbetrieb war ziemlich heruntergekommen, die Gebäude verwahrlost und die Äcker in miserablem Zustand. In Knochenarbeit hat ein Freund von Phil Bosmans zusammmen mit seiner Familie und Freunden den Hof mit neuem Leben erfüllt und zu einer Art Oase gemacht. Voller Bewunderung spricht Phil Bosmans über ihn und seine Freunde:

»Die Herausforderung, diesen Hof zu neuem Leben zu erwecken, war gewaltig. Die Aufgabe erschien manchmal so schwer, daß wir uns fragten, ob wir damit weitermachen sollten. Wir wollten mit dieser Initiative die Menschen auf eine natürliche Lebensweise hinweisen. Weil wir dringend eine neue Lebenseinstellung mit echten Lebenswerten brauchen, gewinnt der Oase-Hof Zeichencharakter. Wir leben in einer Zeit, in der die Agrarindustrie ungeahnte Ausmaße angenommen hat. Aber durch sie wird die Natur auch bedroht und damit die Zukunft der Menschheit gefährdet. Es ist die Aufgabe des Landwirts, ein fundamentales Recht jedes Menschen zu erfüllen: eine ausreichende und gesunde Ernährung. Darum produziert der Oase-Hof gesunde Nahrung für Mensch und Tier.

Aber darüber hinaus will der Oase-Hof auch Menschen Ruhe und ein heilendes Milieu anbieten. Die natürliche Umgebung, therapeutische Begleitung, Kontakt zum vielseitigen Leben auf dem Hof, freiwillige Mitarbeit, selbst angepflanzte Nahrung, außerdem Raum für Stille und Besinnung, alles das sind Bestandteile einer heilsamen Therapie für Leib, Seele und Geist.«

Wir wagen an eine Erde zu glauben,
die noch atmen kann, ohne in Chemie,
Asphalt und Beton zu ersticken.
Wir wagen zu glauben, daß es wieder
gesunde Nahrung für alle Menschen gibt.
Daß eine Kuh und ein Kalb
einfach Kuh und Kalb sein können.
Daß ein Schwein ohne Streß leben kann
und ein Huhn ohne Legebatterie.
Wir sind überzeugt: In der Natur können
Menschen Gesundheit und Heilung finden,
die am Fließband verkümmern
und in den Abgasen der Städte erkranken.
Darum bauen wir gemeinsam den Oase-Hof auf,
ein wunderbarer Fleck Erde unter der Sonne,
wo die Natur wieder ihre Rechte bekommt.
Eine kleine Oase, wo moderner Wahn aufhört
und Menschen zur Ruhe kommen.
Wo die Schmetterlinge vom Wunder erzählen
und die Mücken am Sommerabend tanzen.

Eine Gesellschaft stirbt, wenn die Familie zerbricht

Am 26. Januar 1990 eröffnete der Bund ohne Namen in Antwerpen ein Auffangzentrum für verlassene Frauen mit mehreren Kindern. Es war die letzte große Initiative von Phil Bosmans. Es erhielt den Namen »De Stobbe«. Das niederländische Wort heißt auf deutsch: der Baumstumpf. Es ist das, was in der Erde übrigbleibt, wenn ein Baum durch Blitz oder Sturm oder Gift in der Luft zerbricht. Aus so einem Stumpf kann wieder Leben keimen, ja mit der Zeit ein ganzer Baum wachsen. Im Zentrum »De Stobbe« können gequälte Frauen mit ihren Kindern Schutz und Ruhe finden. Sie werden von Fachkräften begleitet, um selbständig eine neue Grundlage für ihr Leben in der Gesellschaft zu gewinnen.

Auch dieses neue Projekt ist aus einer konkreten Not entstanden. 1988 hatte das Haus Anne-Françoise Hunderte Frauen und Kinder wegen Platzmangel wegschicken müssen, nicht zuletzt deshalb, weil man dort nicht über geeignete Räumlichkeiten zur Aufnahme von Frauen mit mehreren Kindern verfügte. Dabei hatten Untersuchungen ergeben, daß in der Region Antwerpen ein großer Bedarf an Unterbringungsmöglichkeiten für Frauen mit Kindern bestand. Weil der Bund ohne Namen sich nicht damit zufrieden gibt, wenn Untersuchungen gemacht, Reden gehalten und Berichte geschrieben sind, beschloß Phil Bosmans, etwas für die Frauen zu tun.

»In unserem Land gab es damals fast 300 000 Familien mit einem Elternteil, davon mehr als 25 000 alleinstehende Mütter mit drei oder mehr Kindern. Meistens hatten sie eine zerbrochene Ehe und qualvolle Familienverhältnisse hinter sich. Zu allem Leid kamen die finanziellen Probleme hinzu, die nicht zuletzt mit einer Scheidung verbunden sind. Viele dieser Frauen standen mit ihren Kindern verzweifelt auf der Straße. Für sie war nirgends Platz. Und es drohte die Gefahr, von ihren Kindern getrennt untergebracht zu werden, sie in einem Frauenhaus und die Kinder in einem Kinderheim. Dann konnte eine Frau, die bereits ihren Mann verloren hatte, auch noch ihre Kinder verlieren.

Aus meinen Begegnungen mit geschiedenen Menschen entstand im November 1988 der Spruch: ›Die Gesellschaft stirbt, wenn die Familie kaputtgeht.‹ Das schlug ein. Die Reaktionen blieben nicht aus. Viele drehten den Spruch einfach um und klagten die Gesellschaft an: Familien gehen kaputt, weil die Gesellschaft sie kaputt macht. Zum Teil hatten sie recht. Es wird viel über Verschmutzung von Wasser, Luft und Boden geredet, aber selten hört man etwas über die Schäden, die vom öffentlichen Klima, vom Zeitgeist ausgehen und die noch folgenschwerer sind. Man stellt Ehe und Familie in Frage. Aber sie sind unersetzlich und von unschätzbarem Wert. Das haben mir in vielen Jahren die Begegnungen mit den Opfern gescheiterter Ehen und zerrütteter Familien gezeigt. Ich habe zu viele Menschen erlebt, die von Anfang an kein Zuhause hatten, weil sie bereits bei ihrer Geburt vom eigenen Vater oder der eigenen Mutter nicht akzeptiert wurden.

Die Familie beginnt mit der Liebe zweier Menschen, die einen neuen Menschen ins Leben rufen und ihm die warme, fürsorgliche Geborgenheit eines sicheren Zuhauses schenken. Im Kind sind Mann und Frau auf ewig verbunden. Sie haben ihr eigenes Leben unauslöschlich in das Leben ihres Kindes geschrieben. Wenn dieses lebendige Band zerbricht, wird das Kind in seinen fundamentalen Rechten getroffen, nämlich in seinem Recht auf einen Vater und eine Mutter, auf ein Zuhause, auf Liebe, auf Geborgenheit. Diese Rechte des Kindes werden heute vielfach verletzt. Aber bei jeder Scheidung müssen wir viel Verständnis für die Betroffenen aufbringen und äußerst vorsichtig in der Schuldfrage sein. Auch die Geschiedenen leiden oftmals unbeschreiblich.«

In jedem Kind,
das in Liebe geboren wird,
beginnt die Welt aufs neue.
Man hört von ferne
ein Lied erklingen
aus dem verlorenen Paradies
und spürt über Grenzen hinweg:
Es wächst die Freude
über das Leben.

Wie es zu »De Stobbe« kam

Oft fühlte sich der Bund ohne Namen als eine Art Reparaturbetrieb für Menschen. Was andere kaputt machten, versuchte er zu reparieren, obwohl seine materiellen Möglichkeiten sehr begrenzt sind. So suchte Phil Bosmans auch nach einem Ausweg für verlassene Frauen mit mehreren Kindern.

»Im November 1987 hörte ich, daß in der Julius-De-Geyter-Straße in Antwerpen ein Kloster leer stand. Mitten in einem Wohnviertel und doch ganz ruhig, etwas von der Straße entfernt. Es war schön gelegen und ausgezeichnet geeignet für die Aufnahme von Frauen und Kindern. Nur der Kaufpreis, neun Millionen Franken, war für uns unbezahlbar. Als die Eigentümer, Assumptionistinnen (Kleine Schwestern von der Himmelfahrt), hörten, wofür das Kloster dienen sollte, setzten sie den Kaufpreis auf sechs Millionen herab. Danach telefonierte ich mit der Provinzialoberin und sagte ihr, daß die ursprüngliche Funktion des Klosters, nämlich im Dienst der Armen zu stehen, beibehalten würde und daß einfache Menschen das alles einmal mit ihren Spenden bezahlt hätten. Wenn ich bezahlen müßte, würden die kleinen Leute zweimal zahlen müssen. Und das wäre doch nicht nötig.

Die Oberin legte die Angelegenheit dem Provinzrat vor. Einige Tage später bekam ich das Kloster gratis und noch eine Schwester dazu. Ein phantastisches Geschenk! Am 20. Juni 1988 hielten wir die Gründungsversammlung des gemeinnützigen Vereins »De Stobbe«. Nachdem wir nun das Kloster hatten, konnten wir mit dem Umbau beginnen, denn der war nötig, wollten wir von den Behörden anerkannt werden. Mehr als ein Jahr hat der Umbau des Klosters zu einem Zentrum für Mütter mit Kindern gedauert. Es war ein groß angelegtes Unternehmen, das wir mit Hilfe zahlloser Spenden und der Unterstützung des Ministeriums und der Nationalen Lotterie finanzieren konnten.

Wir wollten ein schönes, einladendes Haus, weil wir der Meinung sind, daß solch ein Zentrum keine Bruchbude sein darf. Die erste Frau, die wir aufgenommen haben, dachte, daß sie in ein halbverfallenes, dunkles Gemäuer kommen würde. Sprachlos stand sie in ihrem blitzblanken Zimmer, lief mit ihren Kindern durch den geräumigen Spielsaal, saß im geschmackvollen Wohnzimmer, schaute in die große Küche. Alles ließ sie eher an ein gepflegtes Hotel denken, aber ein Hotel, wo sie sich sicher und zu Hause fühlen konnte. Auch das Haus, das Menschen aufnimmt, kann schon die Wertschätzung zum Ausdruck bringen für Menschen, die verstoßen wurden, die viel entbehren mußten und viele schlimme Tage erlebt hatten. Diese Menschen sollten in jedem Stein fühlen, daß sie der Mühe wert sind.«

Am 26. Januar 1990 wurde »De Stobbe« offiziell eröffnet. Es bot Platz für viele Personen, die in drei Wohngemeinschaften leben. Jede Familie verfügt über ein eigenes Schlafzimmer. Wohnzimmer, Küche und Bad sind gemeinschaftlich. Für die Versorgung der Babys gibt es einen Extraraum. Frauen und Kinder finden in »De Stobbe« mehr als Unterkunft, Ruhe und Sicherheit. Ihnen stehen Begleiterinnen zur Seite, die ein Gespür für das haben, was ihnen bisher fehlte und was sie dringend brauchen. Gemeinsam unternehmen sie Schritte in ein neues Leben.

Daß »De Stobbe« einer dringenden Notwendigkeit entsprach, bestätigte sich vom ersten Tage an. Die Hauptverantwortliche sagte damals: »Bereits nach einer Woche waren wir so überlaufen, daß wir zu einer strengeren Auswahl gezwungen waren. Denn als alleinstehende Mutter mit einem Kind kommt man notfalls noch eher zurecht. Aber wenn man fünf Kinder hat, ist nirgends Platz. Bei uns geht das.«

Die stumme Frage nach dem Herzen

Manche haben ihre Schwierigkeiten mit dem, was Phil Bosmans sagt. Sie halten ihn für einen poetischen Träumer, der in der Wüste ein paar Blumen verstreut. Sie machen ihm eine unrealistische Sicht von Welt und Mensch zum Vorwurf. Er kennt solche Kritik, fragt sich aber dabei, ob die Kritiker jemals mehr als die Titel seiner Bücher gelesen, ob sie schon einmal von den vielen Aktionen gehört haben, die der Bund ohne Namen unternommen hat. Oberflächliche Ablehnung ist für ihn genau so relativ wie euphorische Zustimmung. Zwar bekam er mit den Jahren weitaus mehr Lob als Kritik, aber das alles zählt in seinen Augen wenig. Er will nur den Menschen auf ihrem langen Lebensweg Verständnis entgegenbringen, ihnen helfen, Mut machen und sie trösten.

»Ich habe jahrelang unglücklichen Menschen zugehört, Gestrandeten, Gebrochenen und Gescheiterten, Kranken und Einsamen. Ich habe Menschen zugehört, die sehr wohlhabend waren und dennoch tief unglücklich, lebensmüde, verzweifelt. In den Augen mancher bin ich ein Träumer, der in unrealistische Utopien verliebt ist. Aber mich selbst sehe ich mehr als einen kleinen Kobold an, der den Menschen nachgeht mit der stummen Frage nach dem Herzen. Ich verschließe meine Augen nicht vor dem, was in unserer Gesellschaft verkehrt läuft. Und was ich dann sage, bringe ich manchmal schwarz-weiß zugespitzt herüber, im Klartext.

Einmal schrieb mir ein Topmanager aus dem Hotelwesen, der die ganze Welt bereist und das Leben in vollen Zügen genossen hat, er hätte Aids. Zufällig sei ihm einer meiner Texte in die Hände gefallen. Er beglückwünschte mich zu meiner Ansicht über Mensch und Geld und schloß damit, daß sein Leben vielleicht anders gelaufen wäre, wenn er das früher gewußt hätte. Den Mann hatte die Botschaft angerührt.

Ich erinnere mich an den Schiffsoffizier, der eines Abends voller Wut, fluchend und tobend ankam, mit einem Revolver in der Hand. ›Ich bin der Teufel‹, sagte er, ›Euren Chef gibt es, glauben Sie mir. Er macht mich fertig. Ich habe Frauen und Kinder aus nächster Nähe erschossen, und jetzt kommen sie mich nachts besuchen. Ich mache Schluß!< Es war eine lange Geschichte. Am Ende gab er mir noch eine goldene Feder und zwei silberne Manschettenknöpfe in Form von Schiffsschrauben. Danach verschwand er in der Nacht.«

Das Wichtigste

Friede, Freude, Glück in der Welt
hat weniger mit dem Verstand zu tun,
als viel mehr mit dem Herzen.
Alles Leben der Menschen miteinander,
ob es christlich oder atheistisch,
liberalistisch oder fundamentalistisch
oder wie auch immer heißen mag,
ist in der Wurzel faul, solange nicht
das Herz des Menschen saniert ist.
Die wichtigste Aufgabe für jeden Menschen:
Kultur des Herzens!

Gewaltlos, aber engagiert. Der Fall Samba

»*Mit dem Bund ohne Namen haben wir auf Wunden in unserer Gesellschaft aufmerksam gemacht, auf Veränderung gedrängt, engagiert, aber gewaltlos.* Zum Beispiel in der Frage der beschützenden Werkstätten oder der Grundrente der arbeitsunfähigen alten Menschen, später ausgedehnt auf eine Existenzsicherung für jeden. Die Einkommensverteilung beruht immer noch ganz auf der Arbeitsleistung. Für die, die nicht so viel leisten können, bleiben nur die Krümel. Wir haben uns eingesetzt für eine Anti-Hunger-Steuer auf alle Luxusartikel, für die Abschaffung des diskriminierenden Wohnsitzlosenausweises. Wir haben einen klaren Standpunkt zur Abtreibung und zum Waffen-

handel eingenommen. Wir haben niemals akzeptiert, daß die Super-
reichen, die sogenannten Multis, Weltwirtschaft und Welthandel be-
herrschen; sie dürfen nicht so tun, als ob die Güter dieser Erde ihr Pri-
vatbesitz wären. Lange bevor die Zuwanderungswelle Europa
überschwemmte, sind wir eingetreten für ›blinde Passagiere‹, für Ille-
gale, so wie Samba, der aus dem Bauch eines Schiffes kam.

Samba, ein schwarzer Junge aus Südafrika, wurde von Mike, einem
britischen Matrosen, in einem Schiff versteckt und fuhr wochenlang
über die Ozeane. Dann hat er ihn auf dem Kai in Antwerpen mit etwas
Geld abgesetzt. Weil Samba keine Papiere hatte und damit vor dem Ge-
setz nicht existierte, landete er im Gefängnis. Dort habe ich ihn getroffen. Er lag auf seinem Bett in Gefängnisklamotten, die ihm überhaupt
nicht paßten. Verstört, mit tieftraurigen Augen in seinem schwarzen
Gesicht. Ich kann die Angst nicht vergessen, die über seinem ganzen
Wesen lag. Wir haben ihn aus dem Gefängnis geholt und in der Arbeitsstätte MIN aufgenommen. Das war nicht erlaubt, denn er war illegal da. Er sollte das Land verlassen. Alle möglichen Untersuchungen
fanden statt. Es zog sich über Jahre hin, eine lange Geschichte. Als wir
nicht nachgaben und sagten, wir würden ihn notfalls verstecken, lenkte
der Minister ein, und Samba bekam eine befristete Aufenthaltserlaubnis.
Samba war ein sanftmütiger, äußerst sensibler junger Mann. Er arbeitete ordentlich und lernte Niederländisch. Jetzt ist er verheiratet, hat
zwei Kinder und wohnt in Gambia, dort hat er eine Schreinerei, in der
er junge Leute von der Straße holt und ausbildet.«

Eine Blume braucht Sonne,
um Blume zu werden.
Ein Mensch braucht Liebe,
um Mensch zu werden.

Bewußt gegen die Strömung

*»Materialismus trifft den Menschen in der Wurzel seiner Existenz.
Er ist die Ursache für die Verdrängung des Geistes.* Er vergewaltigt
das Denken, Fühlen und Reden. Er ist die Ursache von Korruption. Wir
haben materiellen Wohlstand über menschliches Wohlergehen gesetzt
und damit das Glück auf den Kopf gestellt. Wollen wir glücklich sein,
dann müssen wir alle animalische Habgier aufgeben.

Der große Unterschied zwischen Wohlstand und Wohlergehen liegt
darin, daß Wohlstand ausschließlich auf Dinge ausgerichtet ist,
während Wohlergehen sich auf Menschen bezieht. So kommt es, daß
manchmal arme Menschen glücklich sind und reiche unglücklich. Wir
wissen, daß gar nicht so selten Selbstmord bei Menschen vorkommt, die
scheinbar gar keinen Grund hätten, sich umzubringen. Sie tun es doch,
nicht aus Mangel an Wohlstand, sondern weil ihnen etwas viel Tieferes
und Wichtigeres fehlt.

Es geschieht gelegentlich, daß mich Besucher beinahe mitleidig an-
schauen, wenn sie mich hier in meinem Zimmer sehen. Manche trauen

sich, zu fragen, wie ich es hier aushalte, und verweisen auf meine Hono-
rare aus den Bestsellern. Ich antworte darauf, daß ich nicht glücklicher
wäre, wenn ich in einer tollen Villa lebte. Und mit dem Erlös aus meinen
Büchern versuche ich, anderen zu helfen. Eigentlich ist es ganz einfach.
Heute scheint die Sonne, und die Vögel zwitschern, und wenn die
Menschen jetzt noch gut zueinander wären, dann ist alles in Ordnung.

Ich frage mich manchmal, warum es in unserer so wohlhabenden
Gesellschaft nicht mehr glückliche Menschen gibt. Es liegt an einer ver-
kehrten Blickrichtung. Sie starren auf Dinge, aber mit leblosen Dingen
kannst du dir keine Liebe eintauschen. Würden die Menschen mit dem
Herzen sehen, würden sie besser sehen.«

Wenn du auf einen Menschen
schaust, den du gern hast,
dann siehst du immer mehr,
als was deine Augen sehen.

Das Oasemännchen. Eine Sonderbriefmarke

*Die Enthüllung einer Bronzeskulptur auf dem Frans-Hals-Platz
am 12. April 1993 war so etwas wie ein Abschied,* eine symbolische
Zusammenfassung dessen, wie Phil Bosmans den Bund ohne Namen
und sich selbst verstand. Antwerpen war in jenem Jahr die Kultur-
hauptstadt Europas. Phil Bosmans hatte schon einige Jahre vorher die
Stadtverwaltung um die Genehmigung gefragt, ein Standbild, das die
Botschaft des Bundes ohne Namen zum Ausdruck bringt, in unmittel-
barer Nähe des Büros aufzustellen. Die Künstlerin Marjet Dooremont
schuf eine volkstümliche Figur, keinen Clochard, keinen Clown, keine
Schaufensterpuppe, sondern eine Art Kobold, der auf spielerische Weise die Botschaft vermittelt: »Unter meiner Jacke sitzt ein Herz.« Dieses
»Oasemännchen« im Zentrum der Stadt ruft die Menschen Antwerpens
und der anderen Städte und Dörfer Flanderns auf, gastfreundlich zu

sein und alle Intoleranz, allen Rassismus, alle Fremdenfeindlichkeit aus ihrer Mitte zu verbannen.

Es ist kaum möglich, ein umfassendes Bild vom Leben und Wirken Phil Bosmans› zu zeichnen. Was die Begegnung mit ihm persönlich oder mit seinen Büchern für das Leben zahlloser Menschen bedeutet, kann man sich kaum vorstellen. Sein Bund ohne Namen wurde in Belgien zu einem festen Begriff für Herzlichkeit, für Mitmenschlichkeit. So wundert es nicht, daß zum fünfundzwanzigjährigen Bestehen von Bond Zonder Naam in Belgien eine Sonderbriefmarke herauskam. In den Augen von Phil Bosmans war das ein Zeichen der Anerkennung für all die Arbeit, die Ehrenamtliche vom Bund viele Jahre hindurch geleistet hatten.

Ich bin ein kleiner Kobold,
der modernen Götzen
auf die Zehen tritt.
Unter meiner Jacke
sitzt ein Herz.

Was ist gelungen?

Wenn wir über alles miteinander sprachen, was der Bund ohne Namen geleistet hat, und auch über den Erfolg seiner Bücher, tauchte wie von selbst die Frage auf, wie er selbst auf sein Leben zurückblickt. Was bedeutet ihm Erfolg? Seine Antwort kam nur zögernd, verbunden mit einem fast ratlosen Lächeln: »Erfolg? Darüber habe ich nie nachgedacht. Wissen Sie, wenn man jung ist, will man die Welt verändern. Man hat Ideale, will nicht einfach im breiten Strom des Zeitgeistes mitschwimmen. Als ich 1957 mit dem Bund ohne Namen in Antwerpen begann, wurde für Menschen in Not wenig oder nichts getan. Heute gibt es soziale Einrichtungen und für alles und jedes eine zuständige Stelle. Materiell geht es den meisten Menschen sehr gut. Heute liegen viele Nöte woanders. Es herrscht eine unglaubliche geistige Leere; sie ist größer, als man ahnt.

Der Mensch scheint weniger wichtig als Geld und Aktienkurse. Man redet über die Qualität der Nahrung, der Produkte, der Umwelt, aber niemals über die Qualität des Menschen. Man gibt sich der Illusion hin, die Welt wäre allein mit Wirtschaft und Politik, Wissenschaft und Technik, Medien und Werbekampagnen zu retten. Viele denken, um für mehr Sicherheit in der Öffentlichkeit zu sorgen, brauche man nur für mehr Polizei und mehr Gefängnisse zu sorgen. Aber ich bin davon überzeugt: Solange sich nicht das Innere des Menschen verändert, verändert sich in der Welt nichts. Es muß uns in dieser Welt wieder mehr um das Herz gehen. Zum Herzen paßt nur ein Schlüssel, und das ist die Liebe.

Ob ich an dieser geistigen Leere etwas habe ändern können, weiß ich nicht. Vom Guten kann man keine Statistik machen. Was ich wohl weiß, ist, daß ich ein paar Menschen glücklicher gemacht habe. Das lese ich zumindest in vielen Briefen. Mein einziges Verdienst ist, daß Menschen vielleicht nachdenklicher geworden sind.«

Verliebt in Clowns

»Manchmal fragt man mich, ob ich von den Kämpfen nicht müde, ob ich nie pessimistisch geworden sei. Das war selten. Ich war zwar müde, und es kam auch vor, daß ich es leid war. Aber dann flüchtete ich mich in meinen Kräutergarten und arbeitete, bis ich schwitzte. Dann war alles wieder leichter. Diese Erfahrung regte mich zu dem Spruch an: ›Die Hände betätigen macht den Kopf leichter.‹

Ich hatte auch eine große Vorliebe für Clowns. Ich fand, daß man von ihnen viel lernen kann. Mit der Zeit wurde mir eine ganze Versammlung von Clowns geschenkt. Den schönsten bekam ich in einem Gefängnis von Caracas. Das Gemälde war noch feucht. Das Gesicht des Clowns stellte das Gesicht des Gefangenen dar. Es war ein Meisterwerk. Ich sah darin die ganze Traurigkeit Südamerikas. Später begann ich über Clowns zu schreiben, kleine Texte. Hier ist einer:

Ein Clown ist einer, der alle Traurigkeit relativieren kann, einer, der immer und ausschließlich für andere da ist. Er kann lachen, wenn er weint. Er kann weinen, wenn er lacht. Jeder Mensch ist so ein seltsames Wesen, eine Art Clown. Er muß lernen, durch seine Tränen hindurch zu lachen.«

Ich liebe den Clown

Er ist ein wunderbarer Mann.
Er existiert nie für sich,
allein ist er kein Clown mehr.
Er tritt aus seinem Ich heraus,
um den Menschen zu gehören.
Er schlüpft in die Haut derer,
die stets die Dummen sind,
die Zukurzgekommenen
und die Hereingelegten.
Er ist ein wahrer Lebenskünstler,
weil er alles relativiert
und weil er lachen kann
über sein eigenes Elend.

Von Gott und den Menschen getragen

»In den Jahren, als ich mich ganz und gar für den Bund ohne Namen verausgabte, wurden mir Kraftquellen zuteil. Ich schöpfte meine Kraft daraus, daß ich versuchte, Abstand zu allem zu bekommen, was ich den Tag über gehört und gesehen hatte. Ich versuchte, es nicht mit in den Schlaf zu nehmen.

Viel habe ich Thomas Merton zu verdanken. Ich bin dem Trappistenmönch nie persönlich begegnet, aber ich habe ihm einen Brief in den Himmel geschrieben. Darin sagte ich ihm, seine Vision von Mensch und Welt hätte mir sehr geholfen. Von ihm lernte ich, wie relativ alles ist. Auch mein persönliches Leben hat er stark beeinflußt. Seiner tiefen Weisheit folgend, legte ich in meine übervollen Tage oft Augenblicke der Stille und Augenblicke der Entspannung ein. Stille, um zu beten. Entspannung durch das Zusammensein mit Freunden oder dadurch, daß ich ein wenig in meinem Kräutergarten werkelte.

Vor allem konnte ich deswegen durchhalten, weil ich mich von vielen Engeln getragen fühlte, die hinter mir standen: Mitarbeiter und Mitarbeiterinnen, Freunde und Förderer und viele Sympathisanten des Bundes – alles gute Menschen, die den Geist des Bundes ohne Namen lebendig halten und die ich als eine große Familie ansah.

Ich fühle mich von Gott getragen, der in meinem Leben spürbar gegenwärtig ist. Er ist der Grund unter meinen Füßen. Durch ihn und durch all die lieben Menschen, die mich umgeben, gewinne ich meinen Optimismus. Ginge ich von den täglichen Nachrichten aus, geriete ich eher in Verzweiflung. Wenn auf unserem kleinen Planeten nichts anderes geschieht, als was die Medien täglich berichten, dann geht unsere Welt zugrunde. Aber aus eigener Erfahrung weiß ich, daß es doch sehr viele gute Menschen gibt. Sie sind wie Oasen in einer großen Wüste. Man liest in den Zeitungen niemals ihre Namen, aber sie sind die Lungen, durch die unsere Welt noch Luft bekommen kann.

Es ist meine Überzeugung, daß das beste Gegengift gegen das depressive Klima von heute im Suchen und Entdecken der echten Lebenswerte liegt. Man sollte wieder mehr Augen dafür haben, was für heilende Kräfte in einer Hinwendung zur Natur liegen, zu den natürlichen Lebensbindungen der Ehe und Familie, zu Werten wie Wohlwollen, Güte, Freundschaft.

Für mich ist Gott nicht nur ›Licht‹, er ist auch der tiefere Zusammenhang von allem, was lebt und atmet. Wenn er wegfällt, fällt alles auseinander. Das merken wir täglich in unserer Gesellschaft. Es ist eine neue Gruppe von Unbehausten entstanden. Sie sind nicht obdachlos. Es sind die Alleinstehenden in der Großstadt. Sie haben ein schönes Haus oder eine wertvolle Eigentumswohnung, eine Menge Geld auf der Bank, aber sie haben keinen Mitmenschen mehr. Ein Zuhause findest du nur bei einem Wesen, bei dem ein Herz für dich schlägt. Für Alleinstehende ist das nicht selten ein Hund oder eine Katze. Tiere zu Hause erfüllen eine menschliche Funktion. Sie tragen dazu bei, daß das Gefühlsleben dieser Menschen nicht völlig verkümmert.

Gott will, daß wir glücklich sind und daß wir, wenn wir selbst glücklich sind, andere glücklich machen. Wir müssen Freude finden an den kleinen Dingen des Lebens. Das ist ein Schlüssel, um glücklich zu sein. Viele Menschen kennen sich in den einfachsten Dinge ihres Daseins nicht aus. Die wesentlichen Dinge des Lebens bekommen sie gratis. Sie merken erst, wie wichtig frische Luft ist, wenn sie zu ersticken drohen. Sie fühlen erst, wie wichtig Wasser ist, wenn die Wasserleitung für ein paar Stunden abgestellt wird. Darum sage ich, daß wir neu lernen müssen, bei den kleinen Dingen des Lebens zu verweilen, daß wir wieder lernen müssen, sie auf uns wirken zu lassen, sie zu genießen.

Um heute leben zu können, müssen wir optimistisch sein und daran glauben, daß für jeden Menschen irgendwo ein Stückchen Himmel auf Erden ist. Optimisten sind seltsame Wesen. Sie glauben, daß sich selbst in einem Land voller Dornen und Disteln noch irgendwo eine Blume finden läßt.«

Hänge dein Leben
an einen Stern,
dann bist du immer
unterwegs zum Licht.

Ich fühle mich nicht als Autor

Wer Bücher schreibt, die auf der Bestsellerliste erscheinen und in viele Sprachen übersetzt wurden, kommt nicht an der Frage vorbei: Warum dieser Erfolg? Vielleicht liegen die Gründe dafür gar nicht so weit weg. »Ich fühle mich nicht als Autor«, sagt Phil Bosmans. »Ich schreibe, was die meisten Menschen denken und fühlen. Darum finden sie es wunderbar. Darum konnten weltweit etwa zehn Millionen Exemplare dieser Bücher verbreitet werden.«

Bosmansbücher handeln vom Leben der Menschen und von seinem eigenen Leben. Es sind keine komplizierten Auseinandersetzungen. Sie verlangen vom Leser keine Gymnastik des Gehirns. Wenn er von seinen Büchern sagt, daß sie eigentlich von den gewöhnlichen Menschen geschrieben seien, dann ist das keine liebenswürdige Koketterie, sondern Wirklichkeit.

Ulrich Schütz, der alle seine Bücher ins Deutsche übertragen hat, schreibt (im Nachwort des Jahreslesebuches »Leben jeden Tag«): »Hinter jeder Zeile, die er geschrieben hat, stehen lebendige Menschen, Erfahrungen mit ihrer Hilflosigkeit und Verzweiflung, mit ihrer Sehnsucht nach Glück und Geborgenheit, steht das Leben von Phil

Bosmans.« Für ihn ist Phil Bosmans »weder Intellektueller noch Psycho-guru, weder Literat noch Starautor. Er ist ein Mensch unter Menschen, sein ganzes Leben hat es ihn zu Menschen hingezogen. Ohne diesen Zusammenhang mit dem Leben zahlloser Menschen, mit ihren All-tagserfahrungen und ihren Extremsituationen, ohne den Mutterwitz der einfachen Menschen, ohne ihre Bereitschaft zu Freundschaft und Hilfe gäbe es keine Bosmansbücher. Sie stiften so etwas wie Identität unter den Menschen guten Herzens, ein stillschweigendes Einverständ-nis, das mit der Überzeugungskraft des einleuchtend Guten auch über schwere menschliche Krisen hinweghelfen kann.«

Phil Bosmans drückt es so aus: »Ich habe viel geschrieben, aber nie-mals um der Literatur willen. Ich schrieb unterwegs, im Auto, und mei-stens zwischen Nacht und Tag, in aller Herrgottsfrühe, wenn die Vögel anfangen zu singen und die Nachtmenschen schlafen gehen. Ich schrieb gewöhnlich ein paar Gedanken über die Menschen und die Welt auf, so wie ich sie erlebe. Vielleicht geschah das da und dort allzu unge-schminkt. Ich versuchte nur, den Menschen, die all ihr Leid und Elend in meine Hände gelegt hatten, durch ein Wort ein wenig Licht und Trost zu bringen, weil ich glaubte, daß ein Wort Wunder wirken, einen Menschen heilen kann. Ich denke, daß meine Bücher gewöhnliche, ein-fache, alltägliche Dinge in Worte fassen. Das ist für die Menschen wichtig. Was ich schreibe, ist eine Art Basisphilosophie des Lebens.«

**Ich glaube an das Gute in den Menschen,
so wie ich an den Frühling glaube,
wenn ich Weidenkätzchen blühen sehe.**

Ein Weg für andere sein und dann in Stille abtreten

*Zu Weihnachten 1991 schrieb Phil Bosmans einen Brief an alle
»Bundesgenossen«.* Es war kein gewöhnlicher Brief. »Ihr habt schon
eine Weile nichts mehr von mir gehört. Ich bin nicht mehr zu den Treffen des Bundes gekommen. Aber ich bin nicht ganz verschwunden, und
ich trage, glaubt es mir, den Bund ohne Namen, alle und jeden, weiterhin in meinem Herzen.« Seit Juli dieses Jahres hatte er seine Verantwortlichkeiten im Bund ohne Namen an jüngere Kräfte übergeben. Das
war in aller Stille geschehen, »weil Empfänge und ähnliche Weihrauch-
veranstaltungen nicht zum Bund ohne Namen passen«.

In bewegenden Worten nahm er Abschied: »Ein Weg für andere sein
und dann in Stille abtreten. Das ist das Leben. Das war mein Traum.
Denn wenn Menschen den Weg kennen und gehen, kann der Weg vergessen werden. Ich will den Bund ohne Namen loslassen, ihn den Händen anderer überlassen. Sicher, das tut ein bißchen weh. Es ist wie ein
Kind, das man weggibt. Aber ich will konsequent sein. Die Erfahrung
lehrt: Wenn man alt geworden ist und nicht loslassen kann, dann wird
man zum Bremsklotz.«

Er faßt sein Leben so zusammen: »Vergänglich sein ist das Los von allem, was lebt. Man bekommt gerade so viel Zeit, um zu anderen Menschen gut zu sein und um ihnen einen Weg zu zeigen zum Licht, zur Liebe, zu ein wenig Glück, zu Gott.« In großer Dankbarkeit gibt er den Bund ohne Namen aus der Hand: »Mehr als dreißig Jahre habe ich die Last des Bundes ohne Namen gerne getragen. Das war möglich, weil ich selbst getragen wurde von der Begeisterung und Freundschaft so vieler treuer Mitarbeiterinnen und Mitarbeiter, Freunde und Förderer.« Sein Abschied bedeutet aber keineswegs, daß er sich vom Bund ohne Namen trennt, alles andere als das. Phil Bosmans hat noch Pläne. »Ich möchte weiter helfen, wo es nötig ist, auch will ich mich für den Bund ohne Namen im Ausland einsetzen.«

Aber kaum ein Jahr später wurde sein Leben und sein gewohnter Tagesablauf völlig durcheinandergeworfen. Leontine Franck, die ihn vor fast vierzig Jahren als Krankenschwester, als »weißer Engel«, zwei Jahre gepflegt hatte, als er in Horpmaal krank im Bett lag, wurde nun ihrerseits krank.

Das Los des Samenkorns

Das Los derer, die Leben geben,
ist es, gerade daran zu sterben.
So wie ein jedes Samenkörnchen,
aus dem neues Leben wächst,
abstirbt und vergessen wird.
Sich hiermit zu versöhnen
gehört zur wahren Lebenskunst.
In der Zustimmung zu diesem Sterben
liegt die reichste Frucht verborgen,
die Frucht tiefer Freude am Leben.

Gott hat meinen Terminkalender durchgestrichen

»Um Weihnachten 1992 hat Gott völlig unerwartet meinen Terminkalender durchgestrichen. Er brachte alle meine Pläne und Absichten durcheinander. Als ich Leontine besuchte, sah ich sofort, daß mit ihr etwas nicht stimmte. Am Sonntag nach Weihnachten 1992 brachte ich sie in die Klinik, dort wurde sie an einem bösartigen Gehirntumor operiert. Weil sie nach dem Tod von Pastor Aerts alleinstehend war, wollte ich in dieser schweren Phase, in der wenigen Zeit, die sie noch zu leben hätte, bei ihr sein. Man kann nicht für jeden alles tun, aber Gott bringt uns auf unserem Lebensweg mit Menschen zusammen, für die wir verantwortlich sind. Weil ich meine Verantwortlichkeiten im Bund ohne Namen an jüngere Kräfte übergeben hatte, konnte ich für Leontine sorgen. Ich konnte doch nicht verkünden: Gott ist gut, und dann mit der Ausrede kommen: Aber ich habe keine Zeit. Ich hatte doch in meinem Leben so oft gesagt, daß wir Gottes Güte und Sorge für Menschen in Taten sichtbar und spürbar machen müßten, weil sonst unser Glaube eine Täuschung und unser Leben als Christ eine leere Hülse wäre.

Ich blieb acht Monate bei Leontine in Hasselt: die ersten beiden in der Klinik, die weiteren in ihrem Haus. Es war eine schwere Zeit. Ich hatte mir meine Zukunft ganz anders vorgestellt, als ich von meiner Verantwortung für Bund ohne Namen entbunden war. In ihrer Wohnung ging es mit Leontine ganz langsam und leise bergab. Im Evangelium steht, daß der Tod plötzlich wie ein Dieb in der Nacht kommt. Aber hier hatte er sich geräuschlos eingeschlichen und eingenistet, und jeden Tag stahl er ein Stückchen Leben. Er hatte uns als Geiseln genommen.

Acht Monate bin ich bewußt ein bißchen zum Einsiedler geworden. Ich habe durchgehalten, obwohl Freunde mir prophezeit hatten, ich könnte das nicht schaffen. Auch Leontine fragte mich jeden Tag, ob ich nicht zu erschöpft sei. Bei all ihrem Leiden war sie mehr um mich als um sich selbst besorgt. Durchhalten ist eine Sache der inneren Einstellung. Aus ihr wuchsen mir Kräfte zu. Ich machte den Haushalt, die Besorgungen, empfing Besucher und arbeitete zwischendurch ein wenig an meiner Korrespondenz.

In dieser Zeit habe ich oft an die Menschen gedacht, die jahrelang zu Hause für einen Menschen sorgen, der behindert oder pflegebedürftig ist. Das muß unvorstellbar schwer sein, selbst wenn es das eigene Kind ist. Meine Bewunderung für diese stillen Engel wuchs mit jedem Tag. Mir wurde immer deutlicher bewußt: Das einzige, was im Leben zählt, ist: gut sein. Ich hatte alles losgelassen und nach nichts gefragt. Ich hatte alles in Gottes Hände gelegt, weil ich wußte, daß in seinen Händen nichts und niemand verloren gehen kann und daß sich denen, die Gott lieben, alles zum Guten wendet. Am 31. August 1993 starb Leontine, und ich kehrte in mein Kloster nach Kontich zurück.«

Immer ist ein Weg da.
In jedem Stern ist so viel Licht,
in jeder Nacht sind so viel Sterne,
daß sich immer noch ein Weg finden läßt
und daß wir für jene, die nichts mehr sehen,
zu einem Weg werden können.

Durch dunkle Tunnel

Im Leben mußt du
durch viele Tunnel hindurch.
Lichter gehen aus.
Tage werden dunkel.
Das Leben tut weh. Du rufst,
und keiner gibt Antwort.
Du betest, und niemand hört dich.
Der Tunnel kann lang sein,
aber am Ende von jedem Tunnel
kommt wieder das Licht,
so schön wie die Sonne.
Der letzte Tunnel, durch den du
hindurch mußt, ist der Tod.
Danach leuchtet das ewige Licht.

Ich lebe noch

Die acht Monate Sorge für Leontine forderten ihren Tribut. Solange sie lebte, wurde die Müdigkeit verdrängt. Nach dem Begräbnis nahm Phil Bosmans seine Aktivitäten wieder auf. Ein Berg Korrespondenz, Vorträge halten, Menschen begegnen und aufrichten: Die Arbeit kam wie eine Lawine über ihn. Er wollte den angestauten Rückstand so schnell wie möglich aufholen. Zur Ruhe kommen, und sei es auch nur für Augenblicke, war für ihn nicht drin. Jeden Tag wurde er irgendwo erwartet, fuhr er viele Kilometer, von einem Termin zum anderen.

So auch am 18. Dezember 1993. Auf der Autobahn, nicht weit von Hasselt, war er eingeschlafen. So dachte er, aber die Ärzte in der Klinik erklärten später, daß es bereits ein erstes Anzeichen eines Schlaganfalls gewesen sei. Sein Auto flog in die Leitplanken, wurde durch die Luft und viele Meter weit auf dem Boden entlang geschleudert. Autofahrer, die den Unfall beobachtet hatten, waren völlig erstaunt, als aus dem

Wrack ein Lebender herauskroch. »Der hat einen Schutzengel gehabt«, hörte Phil Bosmans sie sagen.

»Als alles still war und ich langsam wieder zu Bewußtsein kam, sagte ich einfach vor mich hin: ›Mein Jesus, Barmherzigkeit‹, ein altes Stoßgebet. Ich glaube an Engel und Schutzengel, aber das sind für mich keine unnatürlichen, überirdischen Wesen mit Flügeln. Engel sind für mich die vielen lieben Menschen, die Gott mir auf meinem Lebensweg schickte, um mir seine Liebe zu zeigen, um mir in schwierigen Situationen Hilfe, Halt und Trost zu geben. Schutzengel sind für mich eben diese guten Menschen, wenn sie im Himmel sind. Sie leben noch immer mit mir und kümmern sich um mich. Ich habe kein Problem damit, zu glauben, daß sie mich hielten, als ich mich und das Auto auf der Autobahn nicht mehr in der Hand hatte.«

Warum nicht ich?

Einige Monate später schlug dann die Krankheit richtig zu. In der Nacht des 10. Februar 1994 erlitt Phil Bosmans einen Schlaganfall. Von einem Augenblick auf den anderen kam er in eine andere Welt. Er wurde vom Spielfeld abberufen, er konnte nicht mehr mitspielen. Drei Monate lag er im Krankenhaus, in der Universitätsklinik von Antwerpen. Fortan sollte er als Behinderter leben müssen, mit einem gelähmten rechten Arm und einem gelähmten rechten Bein.

»Ich wußte, daß mir das früher oder später passieren würde. Aber später wäre mir lieber als früher gewesen. Ich war nicht ganz unvorbereitet. Jahrelang hatte ich in meinem Brevier Psalm 91 gebetet, wo es heißt: ›Das Leben dauert siebzig Jahre und, wenn es hoch kommt, achtzig.‹ Ich war jetzt zweiundsiebzig. Wenn viele Menschen fragten: Warum?, antwortete ich immer: ›Warum nicht ich?‹

Ich habe einmal etwas über das Sterben eines jungen Vaters geschrieben, denn das hatte mich sehr erschüttert. Der Mann war mit Krebs in die Klinik gebracht worden, und es gab keine Hoffnung auf Heilung. Er war um die vierzig und hatte drei Kinder. Ein kraftvoller Mann, ein Sportler, und ein lieber, fröhlicher Mensch. Er hatte viel gelacht. Jetzt war das Lachen auf seinem Gesicht gestorben. Er lag ganz still da und wartete in seinem weißen Bett mit geschlossenen Augen, als ob er im Koma läge. Die Familie und Freunde standen um das Bett: Sie flüsterten leise, wie schlimm es wäre, bis jemand halblaut das Wort ›Warum?‹ herausbrachte. Der Mann hörte es, hob ein wenig den Kopf und sagte: ›Warum nicht ich?‹

Jetzt war ich an der Reihe, ›Warum nicht ich?‹ zu sagen. War das der Wille Gottes? Mein Wille war es sicher nicht. Alle Pläne fielen ins Wasser. Warum nur? War ich auf der falschen Fährte gewesen, hatte ich mich in zuviel Aktivitäten verwickelt mit dem Bund ohne Namen in Deutschland und Südamerika, mit Vorträgen, mit Verlegern in fernen Ländern?

Daß ich drei Monate im Krankenhaus lag, war nicht wirklich das Drama. Aber es war eine ganz andere Welt. Oder gar ein anderer Planet? Alles menschliche Elend war hier beieinander. Viele weiße Kittel auf den langen Fluren. Fahrbare Betten, Blutdruckmesser auf Rädern, Rollstühle, Essenswagen. Ich bekam Nadeln in meinen Arm und ein Röhrchen in die Nase. Sie hängten Plastikflaschen über mein Bett und kamen mit einem Bündel Papier. In einer Universitätsklinik hat man viele nuklearmedizinische Geräte. Sie steckten mich in alle möglichen Röhren, so daß ich zum Schluß zu den Ärzten sagte: ›Man muß sehr gesund sein, um hier lebend wieder herauszukommen.‹ Jeden Tag bekam ich Besuch von einer Gruppe von Ärzten und Assistenten in weißen Kitteln. Ich nannte sie ›die weiße Wolke‹.

Aber Gott hat bei allem, wie immer, doch so seine Absichten. Ich fühlte mich dort bald zu Hause und war den Menschen ganz nahe, die da als Kranke lagen oder als Gesunde arbeiteten. Ich denke an Heidi, die ich kennenlernte und die von ihrem Mann im Stich gelassen worden war. Ich denke an die kleine schwarzhaarige Krankenschwester, deren Freund Selbstmord begangen hatte und die eines Abends an mein Bett kam, um sich auszuweinen. Ich denke an Sylvain, den Aidspatienten im Endstadium, dem ich in seinen letzten Tagen beistehen konnte.

Als mein Zustand stabilisiert war, fuhr ich in meinen Rollstuhl zu anderen Kranken oder ließ mich hinfahren. Ich ging sie besuchen. Vielleicht brauchte Gott mich gerade für diese Menschen? Ich weiß es nicht. Aber ich bin davon überzeugt, daß alles Sinn hat, auch was in unseren Augen zunächst vollkommener Unsinn zu sein scheint. Für mich war das Krankenhaus eine Insel, wo man mit den eigenen Grenzen, der eigenen Armseligkeit und Ohnmacht massiv konfrontiert wird. Ein Ort der Meditation über die wesentlichen Dinge des Lebens. Ich lernte: Das Haus, das man auf dieser Welt baut, ist eine Illusion. Ich fühlte mich ganz in Gottes Händen. Ich habe in meinem Leben erfahren, daß sich denen, die Gott lieben, alles zum Guten wendet.«

Ein Kreuz, das du trägst, verlierst du unterwegs

»Ich bin, körperlich gesehen, nur noch ein halber Mensch. An solche Lähmung kann man sich nie gewöhnen. Nichts oder nur noch wenig tun zu können ist für mich die größte Qual. Vierzig Jahre lang habe ich Menschen Mut gemacht, habe ich gesagt und geschrieben, daß man sich durch Rückschläge nicht aus der Ruhe bringen lassen soll, daß man sich annehmen soll, wie man ist, jung oder alt, gesund oder gelähmt. Jetzt mußte ich selbst praktizieren, was ich all die Jahre geschrieben hatte. Jetzt mußte ich lernen, mit meinem Alter und mit meiner Behinderung zu leben, mit der Tatsache, daß ich nur noch wenig kann.

Ich kann mich über meine Lähmung empören, ich kann sie verfluchen, aber dann wird alles noch schlimmer. Ich kann meine Lähmung auch akzeptieren, das ist das Beste, um weiterzuleben. Aber es ist nicht immer einfach, denn man geht damit schlafen, und man steht damit auf. Wenn ich nachts träume, dann träume ich, daß ich kerngesund bin. Wenn ich dann am Morgen wach werde, ist der Arm immer noch lahm und das Bein immer noch kaum zu bewegen. Man sucht sich das nicht aus, krank und behindert zu sein.

Kreuz und Leid sind nie weit weg. Ich mache aus meiner Behinderung kein Drama und versuche, sie jeden neuen Tag als eine Art Geschenk anzusehen. Einmal, während eines Vortrags in Deutschland, hat der Bürgermeister die Zuhörer mit den Worten ermuntert: ›Sehen Sie Pater Bosmans. Er ist behindert und kann doch noch genauso lachen.‹ Ich hatte nichts weiter gesagt, als daß sie für alles dankbar sein sollten, was sie hätten, auch für die zwei Hände und die zwei Füße, mit denen sie durchs Leben gehen könnten.

Meine Lähmung trage ich als ein Kreuz. Und ein Kreuz, das man trägt, verliert man unterwegs. Wenn du dich dauernd dagegen stemmst, wirst du es niemals los, und es liegt dir auf allen Wegen quer. Ein Kreuz kann ein Pluszeichen sein. Es bringt dich auf dein wahres Maß zurück. Nun bekomme ich mehr Zeit, um über den Tod nachzudenken. Ich sitze nicht einfach da und warte auf das Ende, ich sitze auch nicht da und mache mir tausend Sorgen um nichts. Was ein lieber Freund und Mitbruder kurz vor seinem Tod sagte, möchte ich mir gern zu eigen machen: ›Ich habe in meinem Leben doch so viel Gutes erfahren.‹ Und wenn ich mal einen schlechten Tag habe, dann wiederhole ich seine Worte: ›Gott, hier ist mein Elend, mein schlechter Tag. Wenn du etwas damit machen kannst, ist es gut. Du wirst es wohl für irgend etwas brauchen.‹«

Gott, mein Lebensatem

Es klingt unglaublich und ist doch wahr: Phil Bosmans ist trotz allem ein glücklicher Mensch. Er hätte Gründe genug gehabt, den Kopf hängen zu lassen. Aber von willenloser Ergebung war keine Rede. Er hat wieder schreiben gelernt, mit Hilfe des Computers. Er hielt jahrelang noch Vorträge. Er läßt sich zu Freunden fahren, Menschen besuchen ihn, er bekommt viel Post. Wie oft habe ich bei ihm Briefe aufgemacht, weil er das mit seiner gelähmten Rechten nicht mehr kann. Und mitten im Gespräch wiederholt er, was er schon oft sagte: daß er in seinem Leben viel Glück gehabt hätte, daß er unzähligen lieben Menschen begegnet sei.

Daß Gott die Mitte seines Lebens ist, beteuert er ohne Scheu. Gott hat ihn gern. Wen oder was sollte er dann fürchten? Da nun die Abendsonne über seinem Leben abnimmt, ist selbst der Tod für ihn kein Fremder, der ihn beängstigt. Hinter allem, was er getan, geschrieben und gesagt hat, steckt eine Philosophie. Dabei verweist er gern auf seinen viel zu früh gestorbenen Freund Jan Frans, der einmal sagte: »Nur die Dinge, mit denen du sterben kannst, sind es wert, auch damit zu leben.« Das sind Gott und die Freundschaft.

In Interviews spricht Phil Bosmans oft über Gott. »Gott kann ich mit meinem Verstand nicht beweisen. Sollte ich ihn in den Grenzen meines Verstandes fassen können, dann würde ich ihn selbst machen können, aber es wäre nur noch das Bild eines Götzen. Ich glaube nicht an einen Gott von Theologen, wenn sie oft so abstrakt und unverständlich über ihn reden, sondern ich glaube an einen Gott, der immer nahe ist, unergründlich liebend gegenwärtig. Das habe ich auf meine Weise geschrieben:

Mit sanften Händen streichelt er mich, wenn er im Abendwind kommt, um das reife Korn in den Schlaf zu wiegen und die Augen der Blumen zu schließen. Im Klopfen meines Herzens spüre ich den Rhythmus seiner Liebe und höre ich seine sanfte Stimme. In der Güte und Zuneigung von Menschen fühle ich seine Liebe zu mir. Gott ist verliebt, und alles ist Gabe. Jede Gabe ist ein Wort Gottes, mit dem er sagen will, wie gern er mich hat.

Ich sage jeden Tag zu Gott: Du bist wunderbar. Je mehr ich das sage, desto mehr läßt er mich sehen. Wer Gott gefunden hat, hat wirklich mehr Freude im Leben, hat eine Antenne mehr, um tiefere Botschaften zu empfangen. Aber wer Gott gefunden hat, muß immer weiter suchen, um ihn immer mehr zu finden. Der Kontakt mit Gott ist für mich ganz wichtig.

Doch ich habe auch Dunkelheit und Wüste erlebt. Augenblicke, in denen ich dachte, Gott läßt mich fallen. Ich erinnere mich noch an einen solchen Tag. Es war in Brüssel in der St.-Niklaas-Kirche hinter der Börse. Ich war müde, todmüde. Mir war alles zuwider. Ich konnte nicht beten. Ich saß nur da. Als ich dann nach einer Weile wieder zum Ausgang ging, las ich auf der Kirchentür in großen Buchstaben: ›Nicht ihr habt mich erwählt, sondern ich euch.‹ Das durchfuhr mich, es traf mich im Innersten. Ich traute meinen Augen nicht. Ich ging in die Kirche zurück und fiel weinend auf einen Stuhl. Die Worte ließen mich nicht mehr los. Ich fühlte Licht, Trost, Frieden und Freude wie eine sanfte Hand, die mich wieder aufrichtete. Ich habe damals zu Gott gesagt. ›Lieber Gott, du hast mich gesucht und genommen, wie ich bin. Du hast mich zuerst geliebt und mit unendlicher Geduld in deinem Dienst bewahrt.‹

Es ist doch seltsam, wie man jahrelang das Evangelium lesen kann, ohne daß es einen tiefer berührt. Und dann geschieht es, daß ein Text, den du schon hundertmal gelesen hast, dich plötzlich ergreift, dich so überwältigt, daß du vor Freude von den Dächern schreien möchtest: Gott hat zu mir gesprochen. Es ist unglaublich, was im Evangelium steht, aber wenn du daran glauben kannst, bekommt das Leben einen tiefen Sinn. Die göttliche Botschaft enthält so viel Verständnis und Güte, daß jeder sich darin wiederfinden und zu Hause fühlen kann.

Die Angst vor dem Tod grenzt ganz dicht an die Freude über das Leben. Wenn man ein Leben nach dem Tod ausschließt, wird jedes Sterben zu einer schrecklichen Verstümmelung. Es ist nur ein schwacher Trost

und ein magerer Hinweis, zu sagen, daß jemand ein guter Mensch gewesen sei und daß er weiterleben werde in unserer Erinnerung. Aber
durch den Glauben an die Auferstehung bekommt Leben und Sterben
eine faszinierende neue Dimension. Wer mit dem Tod zu Rande kommt,
hat mehr Freude im Leben.«

Leben im Magnetfeld Gottes

*»Aus meinen jahrelangen Kontakten mit unglücklichen, gescheiterten
Menschen habe ich viel gelernt und auf jeden Fall dies eine: Wenn
es die Botschaft des Evangeliums nicht gäbe, müßten wir sie er-
finden,* damit die Menschen hier und jetzt, nicht später, ein bißchen
Glück erfahren. Das Christentum ist die einzige Religion, worin das
höchste Wesen sich als Liebe offenbart. Gottes Liebe und Gegenwart
habe ich oft spürbar erfahren können in der Güte von Menschen. Gute
Menschen, Glaubende und Nichtglaubende, leben im Magnetfeld
Gottes. Wenn ich einen Menschen sehe, auch wenn es ein gebrochener
Mensch ist, dann glaube ich an ein Wesen, das größer ist als der Mensch.
Meine Liebe zum Gott des Christentums habe ich aus dieser Erfahrung
niedergeschrieben:

Ich liebe das Christentum. Den Gott der Kleinen, Armen und Schwachen. Den Gott des Franz von Assisi, eines kleinen, anspruchslosen Bru-
ders, der jeden und alle liebt und der übertreibt in der Liebe. Ich liebe
den Gott des Pater Damian De Veuster, der den Aussätzigen ein Aussät-
ziger wurde. Den Gott des Martin Luther King und Oscar Romero, des
Maximilian Kolbe und der Edith Stein, der Mutter Teresa und des
Helder Câmara. Den Gott all der wunderbaren Menschen, Männer und
Frauen, die auch heute noch die Erde bewohnbar machen, weil sie den
Himmel in ihrem Herzen tragen.«

Gott hat mich nicht im Stich gelassen

Viele sehen sein Buch »Gott – nicht zu glauben« als sein tiefstes an
(Titel der deutschen Ausgabe seit einigen Jahren »Vergiß die Liebe nicht. Leben mit dem unglaublichen Gott«). Im letzten Kapitel geht er der Begegnung mit dem Tod nicht aus dem Weg. Er, der schon so oft, mittelbar und unmittelbar, dem Tod in die Augen sah, hat keine Angst vor dem Weg, den er ganz allein gehen muß. Er glaubt, daß Gott ihn auch dann in seine Hände nehmen und dorthin bringen wird, wo es keine Grenzen, keine Einschränkung, keine Finsternis und keine Traurigkeit mehr geben wird. Sterben heißt loslassen und aus der Hand geben. Stundenlang haben wir über den Tod gesprochen. Phil Bosmans, in seinem Sessel oder hinter seinem Schreibtisch, ich auf meinem Stammplatz, dem Stuhl an seinem Bett. Über das Ende reden heißt, das Leben, dieses große Geschenk, in Erinnerung rufen.

Es wird ein großes Danklied. Seine Augen leuchten. Ab und zu zittert seine Stimme, wenn er von den vielen Menschen spricht, die gut zu ihm gewesen sind und ihn gern gehabt haben. Er denkt an sein Zuhause, an seine unvergeßlichen Eltern, an die Menschen, die seine Jugend geprägt haben; an Grignion de Montfort, in dessen Kongregation er eingetreten ist, weil ihn seine einfache Botschaft der Liebe zu den Allergeringsten so tief ansprach; an Pastor Aerts und Leontine Franck, die beiden Engel, die ihm während seiner scheinbar aussichtslosen Krankheit mit unendlicher Geduld und Fürsorge wieder zum Leben verhalfen. Er denkt an die zahllosen Freunde, an die Menschen vom Bund ohne Namen, die ihn unterstützt und ermutigt haben. Er denkt an die vielen Tausende, die das Wirken des Bundes ermöglicht haben.

Und er wiederholt, was er schon so oft gesagt und geschrieben hat: »Ich bin ein kleiner einfacher Esel, für die große Welt ein Träumer, ein Naiver, ein Verlierer. Aber das ist mir egal, denn ich glaube an die Kultur des Herzens. Alle Initiativen und Werke sind aus der konkreten Not ganz konkreter Menschen erwachsen. Wenn man Menschen gern hat, dann muß man sich an die Arbeit machen. Ich habe mich niemals mit einer Liebe zufrieden gegeben, die abstrakt Menschen liebt, weil ich niemals abstrakten Menschen begegnet bin.

Mein Prinzip war ganz einfach: Wenn ein Mensch in Not ist, dann muß man ihm helfen. Unmittelbar. Gott hat mich dabei nie im Stich gelassen. Ich bin fest davon überzeugt: Wenn ich eine Hand zu einem armen, angeschlagenen, verzweifelten Menschen ausstreckte, dann hat Gott meine andere Hand gehalten und mich geführt. Wenn ich nun zurückschaue, bin ich sicher, daß Gott auf Erden Engel hinterläßt, um Menschen Halt und Trost zu geben. Engel, das bedeutet Menschen, die sich eng mit Gott verbunden wissen und die immer zur Hilfe für einen Mitmenschen bereit sind.

Ich weiß, daß es altmodisch klingt, von Vorsehung zu reden. Aber wie soll man es anders verstehen, daß ein Mann, den ich überhaupt nicht kannte, seine alte Gaststätte als Werkstatt anbot und mir so die Möglichkeit gab, mit der ersten Arbeitsstätte in Antwerpen anzufangen? Oder daß Ordensschwestern ihr leerstehendes Kloster in dem Augenblick verschenkten, als ich ein Haus für alleinstehende Mütter mit Kindern suchte? Oder daß ein Mann beinahe unbemerkt einen Umschlag mit einer halben Million auf meinen Tisch legte?«

Ich habe Gott gesehen in den Gesichtern von Menschen

Bekanntlich packt Phil Bosmans seinen Gottesglauben nicht immer und überall aus. Er sagt, daß man Gott nicht nur totschweigen, sondern auch totreden kann. Aus seiner Lebenserfahrung schöpfte er die Überzeugung: »Nur wo Menschen einander lieben, kann man sinnvoll über Gott reden. Gott ist überall wirksam gegenwärtig, wo Liebe ist, auch wenn es bei den sogenannten Ungläubigen ist. Gott ist gegenwärtig in jedem guten Menschen, auf den du dich verlassen kannst, für den du der Mühe wert bist und der dir in schwierigen Zeiten beisteht. Er ist gegenwärtig in der Hand auf deiner Schulter, die dir Mut macht, aber auch in der liebevollen Zurechtweisung, wenn man auf Abwege zu geraten droht.«

Ulrich Schütz, sein deutscher Übersetzer, der beim Bund ohne Namen in Deutschland mitverantwortlich ist, schreibt, wie Gott in die Sprache und in das Leben von Phil Bosmans eingegangen ist: »Er ist ein großer Prediger, gerade weil niemand merkt, daß er predigt. Er ist Anwalt und Helfer der Menschen in Not, weil er sie besonders gern hat. Und er ist ein heimlicher Mystiker, der Gott im Schweigen – jenseits aller Worte und Gedanken, jenseits aller Gefühle und Vorstellungen – begegnet, der aber auch bekennen kann: Ich habe Gott gesehen – in den Gesichtern der Menschen. Hunderttausende einfache Menschen und Millionen Leser haben das im Laufe der Jahre auf die eine oder andere Art gespürt, ohne daß sie sagen könnten, was sie im Innern so angesprochen hat und wodurch ihnen wieder Freude, neuer Lebensmut, eine veränderte Einstellung zum Leben geschenkt wurden.«

Im Buch »Vergiß die Liebe nicht« gewährt Phil Bosmans seinen Leserinnen und Lesern Einblick in sein persönliches Leben, auch und vor allem in sein Leben mit Gott. Er macht sie zu Teilhabern der Freude über das Wunder der Liebe, die er selbst erfahren hat. Er hat Gott nicht in Büchern gefunden, sondern im Wunder der Schöpfung, im Wunder des Lebens und in der Erfahrung, daß Gott ihn gern hat, so wie er ist. Es ist eine Offenbarung, die sich langsam vollzogen hat und die in dem Maße klarer wurde, wie er sich selbst losließ. Nicht er erkannte Gott, sondern Gott gab sich ihm zu erkennen. Er offenbarte sich, nicht als ein Gott, um darüber zu grübeln, sondern als ein Gott, um ihn zu lieben und um mit ihm glücklich zu sein. Ein phantastischer Gott.

Loslassen können ist das Geheimnis

Über das Suchen und das Loslassen hat Phil Bosmans vielleicht sein schönstes Zeugnis aufgezeichnet. Es ist die Zusammenfassung seines Lebens. »Als ich mich für ›Gott allein‹ entschieden hatte, verloren viele Dinge ihre Wichtigkeit, die als lebensnotwendig angepriesen wurden. Eine Umwertung der Werte kam in Gang. Alles geriet durcheinander, bis es die richtige Stelle einnahm. Ich begann, die Scheinwerte loszulassen. Dieses Loslassen war täglich ein neuer Anfang. Aber je mehr ich losließ, desto freier fühlte ich mich, und desto mehr konnte ich alles genießen.

Loslassen können ist das Geheimnis. Das geht erst, wenn man glaubt. Wenn man keinen Glauben hat, dann hält man sich krampfhaft an materiellen Dingen fest. Loslassen ist ein geistiger Prozeß. Ich habe manchmal gesagt: Wer loslassen kann, leidet unter dem Verlust von nichts. Wir würden viel glücklicher sein, wenn wir unser Glück nicht an materiellen Besitz hängen würden. In einer Familie kann es eine Woche lang Streit geben, weil jemand unglücklicherweise eine Beule ins Auto gemacht hat. Daß eine Schramme das Glück von Menschen ankratzen kann, klingt seltsam, aber es ist so.

Wenn man Menschen gerne hat, ist man auch mit verantwortlich. Loslassen ist kein Synonym für Gleichgültigkeit. Loslassen heißt keineswegs, sich um das Los anderer nicht zu kümmern. Sondern man legt das Los seines eigenen Lebens in Gottes Hände. Viele Menschen sind erstaunt, daß ich meine Behinderung akzeptiere. Ich finde nur, daß ich jetzt beweisen muß, was ich mein ganzes Leben geschrieben und gesagt habe.

Sterben ist die äußerste Form von Loslassen. Aber über den Tod wird in allen Sprachen geschwiegen. Man trägt die Toten und Verletzten jeden Abend auf dem Bildschirm durchs Wohnzimmer. Wenn die Toten gezählt, die Terroranschläge und Katastrophen registriert sind, folgt der Sport und die Show. Und doch steht der Tod mitten im Leben. An den eigenen Tod denken kann bereichernd sein und befreiend wirken, wenn man sich dem Geheimnis öffnet, das uns nach dem Tod erwartet. Konfrontation mit dem Tod heißt: Ich stehe vor Allem oder Nichts, vor Sinn oder Unsinn meines Daseins, vor Gott oder unendlicher Leere.

Wenn du alt wirst, weißt du mit absoluter Sicherheit, daß du auf den Rand deiner Welt zugehst und daß du eines Tages fallen wirst, schwindelerregend tief. Dazu sage ich: Laß dich fallen, denn du fällst in die offene Hand und in die zärtlichen Arme Gottes. Ich glaube, daß es einen Gott gibt, der mich gern hat. So wird mein Sterben das Nach-Hause-Kommen eines Kindes zum Vater, bei dem das Leben endgültig beginnt. Nach Hause kommen bedeutet: Alle Wunden werden heilen, auch meine Behinderung und meine tiefste Wunde, der Tod.

Ich glaube an die Auferstehung. Gott hat Auferstehung in Geist und Herz jedes Menschen geschrieben, so wie er sie geschrieben hat in jedes Blatt eines jeden Baumes, der im Frühling wieder zu neuem Leben aufbricht. Ich habe auch keine Schwierigkeit, anzunehmen, daß ein Weizenkorn, das in der Erde stirbt, ein neues Weizenkorn wird in blühenden Ähren. Ich glaube, daß ich auferstehen werde zu neuem Leben in einem Paradies voller Freude. Ich kann mir meine neue Leiblichkeit nicht vorstellen, aber ich sehe sie in Bildern und Gleichnissen über die Vollendung, über Frieden, Freude und Glück. Darum schreckt mich der Tod nicht ab.

Wenn ich in die Nacht des Todes eintrete, möchte ich sagen: ›Alles ist jetzt in Ordnung. Ich bin nicht tot. Ich bin nur am anderen Ufer. Alles wird Licht. Alles wird Liebe. Die Erde kann mir kein Leid mehr antun. In Gott sind alle Wünsche erfüllt. Ich kann nur dankbar sein. Ich bin im Frieden, denn ich bin geborgen in den Armen eines unendlich liebenden Gottes.‹«

Wer sich in Gott verliert,
verliert nicht sich,
sondern nur seine Grenzen.

Mein letztes Gebet

»Hoffentlich wird dies mein letztes Gebet. **Vor Jahren habe ich es geschrieben und seitdem oft gebetet. Nun möchte ich es in meiner letzten Stunde beten können, selbst wenn ich nicht mehr sprechen kann.**

Wenn ich müde bin vom Weg zu den Sternen,
um den Menschen in der Nacht ein wenig Licht zu bringen,
dann setze ich mich in der Stille hin,
und ich finde dich, mein Gott.
Dann lausche ich der Quelle, und ich höre dich.
Ganz tief in mir selbst und in allem, was um mich ist,
spüre ich ein großes Geheimnis.

Gott, für mich bist du ganz nah. Für mich bist du da,
spürbar, greifbar, gegenwärtig. Gegenwärtig bist du in mir,
mehr als die Luft in meinen Lungen,
mehr als das Blut in meinen Adern.

Gott, mein Gott, ich glaube an dich.
So wie der Blinde an die Sonne glaubt,
nicht weil er sie sieht, sondern weil er sie spürt.
In Jesus hast du mich spüren lassen,
wieviel du von mir hältst, wie sehr du mich liebst.
Deine Liebe zu mir hast du in die ganze Natur gelegt
und in die Menschen, die um mich sind.
Du bist ein Gott der Liebe. Alles hast du mir gegeben,
alles, was ich habe, und alles, was ich bin.
Auf tausend Flügeln trägst du mich.
Bei dir bin ich zu Hause wie ein Kind.

Lieber Gott, nicht zu fassen ist die Freude,
die ich so unverdient genießen darf.
In Tagen der Angst und Not läßt du mich erfahren,
was die Propheten vor Jahrhunderten schon wußten,
daß du mich auf deinem Rücken trägst.
Mit zwei Händen hältst du mich fest.
In Tagen der Schwäche und Sünde hinterläßt du immer
Heimweh in meinem Herzen wie eine tiefe Wunde,
die erst heilt, wenn mein Herz wieder in deiner Hand liegt.

Lieber Gott, ich bin ein kleines Stückchen Glas,
deine Liebe soll den Menschen darin leuchten.
Ein Stückchen Glas, so oft vom Alltag verstaubt,
verdreckt von den Stürmen des Lebens.
Aber jedesmal hast du es wieder rein gewaschen,
siebzig mal siebenmal,
im warmen Regen deiner Barmherzigkeit,
und du hast es wieder zärtlich in deine Sonne gelegt,
damit es leuchtender denn je mitspielt
im ewigen Spiel der Liebe zwischen dir und den Menschen.
Gott, aus Scherben machst du Spiegel deiner Liebe.

Lieber Gott, alles hast du mir gegeben.
Gib mir noch eins: ein dankbares Herz.

Anhang

I. Das Leben von Phil Bosmans. Chronologische Übersicht

- Phil Bosmans wird am 1. Juli 1922 geboren in Gruitrode (Provinz Limburg), Belgien, in der Familie von Jan Bosmans und Josephine Manderveld. Er hat eine ältere Schwester, Cato, und zwei jüngere Brüder, Hendrik und Jaak.

- 1934 beginnt er das humanistische Gymnasium als Internatsschüler im Seminar der Montfortaner in Rotselaar bei Löwen.

- 1938 Umzug der Familie nach Genk, wo seine Brüder im Steinkohlenbergbau arbeiten.

- Am 10. Mai 1940 Ausbruch des Zweiten Weltkriegs. Er muß seine Schulzeit unterbrechen und flieht mit seinem Bruder Hendrik nach Frankreich, wo sie sechs Monate bleiben.

- Im Herbst 1940 kann er wieder zur Schule gehen. In Rotselaar Abschluß des humanistischen Gymnasiums. In dieser Zeit war er auch leitend in der Katholischen Schüleraktion (K.S.A.) von Genk tätig.

- 1941 Ordenseintritt bei den Montfortaner-Patres in Rotselaar. Er durchläuft die übliche Probezeit (Noviziat), die mit dem Ablegen der ersten Ordensgelübde schließt. Danach Beginn des Studiums der Philosophie, anschließend ein Jahr Theologie.

- 1945 Fortsetzung des Theologiestudiums in Oirschot in den Niederlanden.

- Am 7. März 1948 wird er in Oirschot zum Priester geweiht.

- Von 1948–1949 Praktikum in Frankreich, in St-Laurent-sur-Sèvre. Mitwirkung in der Missionsarbeit, unter anderem in der Umgebung von Tours. In Paris bekommt er Kontakt mit Arbeiterpriestern und ist von ihrem Einsatz fasziniert.

- Seit 1950 wieder in der flämischen Heimat. Arbeit in der Volksmission. In den Sommermonaten Einsatz bei marianischem Apostolat in den Pfarreien der Provinz Limburg. Überanstrengung führt im Sommer 1954 zu einem völligen gesundheitlichen Zusammenbruch.

- Zwei Jahre verbringt er schwerkrank und bettlägerig im Pfarrhaus von Horpmaal bei Pastor Martin Aerts und dessen Haushälterin Leontine Franck. Danach ein Jahr Rekonvaleszenz.
- 1957 fragt ihn P. Willy Loop, ob er den Bund ohne Namen (Bond Zonder Naam), der in Holland bereits bestand, in Flandern von Antwerpen aus aufbauen könnte.
- Am 16. Februar 1958 beginnt Phil Bosmans mit seinen monatlichen Fünf-Minuten-Ansprachen. Sie werden kurz vor den Abendnachrichten um 19 Uhr gesendet. Im gleichen Jahr Veröffentlichung von Karten mit eigenen Spruchtexten, sogenannten »Hebelkarten«.
- Am 20. August 1959 offizielle Gründung von »Bund ohne Namen Flandern« als eingetragener, gemeinnütziger Verein.
- Am 11. September 1959 gründet er die Arbeitsstätte »Werkhuis M.I.N.«. M.I.N. ist die Abkürzung für »Menschen in Not«. Es ist die erste beschützende Arbeitsstätte in Belgien für ehemalige Strafgefangene und Männer ohne Arbeitslosenunterstützung. Beginn der Aktion Weihnachtskerzen. Der Erlös wird für Weihnachtspäckchen für Strafgefangene verwendet.
- Ab März 1961 Einrichtung eines telefonischen Ansagedienstes »Vitamine für das Herz«.
- Im Januar 1962 erscheint erstmals »K 13«, eine kleine vierteljährliche Informationsschrift über alles, was im Bund ohne Namen geschieht.
- Seit September 1962 in Brüssel eine Briefkastenadresse für den Bund ohne Namen im französischsprachigen Teil Belgiens, ein Jahr später ein eigenes Büro »Mouvement sans Nom« (Bund ohne Namen).
- Im April startet die Aktion »Blumen und Musik – Für andere gewinnen«.
- 1964 erscheinen die ersten Spruchkarten auf chinesisch (herausgegeben von P. Lannie in Taipeh/Taiwan).
- 1964 organisiert Bund ohne Namen eine Exkursion für belgische Politiker zu beschützenden Werkstätten in den Niederlanden mit dem Ziel, zu einer ähnlichen Gesetzgebung in Belgien zu kommen. Anti-Hunger-Kampagne unter dem Motto: »Brot, das man teilt, schmeckt besser.«
- 1965 regt Bund ohne Namen bei der Belgischen Regierung an, ein Ministerium für Entwicklungshilfe einzurichten. Bund ohne Namen gibt die Broschüre »Hunger« heraus.

- Am 29. Januar 1966 Eröffnung eines Hauses für wohnungslose, aus dem Gefängnis entlassene Frauen. Es bekommt den Namen »Haus Anne-Françoise«, nach einer Ordensfrau, die 1964 im Kongo ermordet wurde.
- Am 1. September 1966 ist Phil Bosmans Mitbegründer einer Aktion für soziale Grundrente. Bund ohne Namen veröffentlicht den »Oktober-brief '66«, einen offenen Brief an alle Minister und die Parlamentarier aller Parteien über die Not im eigenen Land und in der Welt; es wird eine gleiche Grundrente für alle und eine Anti-Hunger-Steuer auf alle Luxusartikel angeregt.
- 1967 begegnet Phil Bosmans in New York auf dem Dach des Rocke-fellergebäudes Pierre Konings, Direktor bei der Niederländischen Luft-fahrtgesellschaft KLM. Pierre wird ein treuer Freund und ermöglicht ihm viele Auslandsreisen, vor allem nach Südamerika.
- Am 1. März 1967 wird der »Reparaturdienst M.I.N.« eingerichtet, ein kostenloser Service für alte, kranke und behinderte Menschen, der Wohnungen renoviert, Reparaturen und auch kleinere Umzüge durch-führt. Bund ohne Namen bringt die erste Langspielplatte »Vitamine für das Herz« heraus.
- Am 17. Februar 1968 erhält Phil Bosmans den »Visser-Neerlandia-Preis« in Den Haag.
- Am 18. Dezember 1968 wird Phil Bosmans in den Ehrensenat der »Vereinigten Staaten von Europa« aufgenommen.
- 1968 erscheint das Buch: »Wat mankeert de mens?« (Was fehlt dem Menschen?) Im selben Jahr setzt sich Bund ohne Namen für das Recht auf ein Existenzminimum in Belgien ein.
- Seit 1969 erscheinen K-13-Hefte: Broschüren über aktuelle mensch-liche und gesellschaftspolitische Probleme.
- 1970 veröffentlicht Bund ohne Namen einen Brief zur Parlaments-wahl, er fordert eine Politik, die alle Benachteiligten am Wohlstand teil-haben läßt.
- 1970 beginnt Bund ohne Namen in Zaire unter der Bezeichnung »Groupe Refléxion«.
- 1972 erscheint das Buch »Menslief, ik hou van je« (»Menschenskind, ich hab dich gern«, Titel der deutschen Ausgabe: »Vergiß die Freude nicht«). Es wurde ein Bestseller und vielfach übersetzt. Ihm folgten in den folgenden Jahren weitere Bücher in vielen Auflagen.

- 1972 Veröffentlichung einer zweiten Langspielplatte (Titel: »Vitamine für Verheiratete«). Die flämische Jugendorganisation »Eigentijdse Jeugd« (»Jugend heute«) wird diese Aufnahme später unter dem Titel »Hemels is de aarde« (»Himmlisch ist die Erde«) bearbeiten und als Bosmans-CD herausgeben. Zwischen dieser Jugendbewegung und Phil Bosmans entstand eine enge Freundschaft und feste Zusammenarbeit. »Eigentijdse Jeugd« organisierte zahlreiche Besinnungstage, Begegnungstreffen, Feste sowie Buchvorstellungen auf der Antwerpener Buchmesse. Auf Anregung des Verlags Lannoo sorgte »Eigentijdse Jeugd« auch für Vertonungen von Bosmans-Texten und entsprechende Videos.
- 1973 wird »Hotel M.I.N.« eröffnet, das ehemalige Strafgefangene aufnimmt und ihnen ein Zuhause bietet.
- 1974 Kampf um einen festen Standplatz für Roma und um die Abschaffung des diskriminierenden Wohnsitzlosenausweises.
- 1974 setzt sich Bund ohne Namen in einem Brief zur Wahl für ein Umdenken in der Politik ein: Plädoyer für eine Politik im Dienst des Menschen.
- 1975 beginnt Bund ohne Namen in Spanien und Südamerika: »Movimiento sin Nombre« eine Initiative des Salvatorianerpaters Jef Schevernels in Caracas.
- Im Mai 1975 kommt Samba Baboucarr als blinder Passagier auf einem englischen Schiff nach Antwerpen. Wegen fehlender Ausweispapiere und illegalen Aufenthalts festgenommen. Phil Bosmans setzt nach zähen Bemühungen schließlich durch, daß Samba in Belgien bleiben kann (1992 geht Samba zurück nach Afrika, wo er in Gambia eine Lehrwerkstatt für Schreiner aufbaut).
- 1978 Bund ohne Namen eröffnet in Antwerpen das »Café ohne Bier«.
- 1980 Wiederum Schreiben an Führungskräfte im öffentlichen Leben mit der Aufforderung, ihr Einkommen zu begrenzen und auf einige Privilegien zu verzichten.
- 1980 Bund ohne Namen in Esperanto: »Movado sen Nomo«, der sich mit Impulskarten an Esperantisten in der ganzen Welt wendet.
- 1980 Gründung des Bundes ohne Namen auf den Philippinen und in Singapur durch einen flämischen Missionar: »Movement without Name«.
- 1981 beteiligt sich Bund ohne Namen an Protesten gegen die Entwicklung der Neutronenbombe. Stellungnahmen gegen den Rüstungswettlauf.

- 1983 kauft Bund ohne Namen zusammen mit dem gemeinnützigen Verein »De Wijnstok« (Der Rebstock) einen Hof (später Oase-Hof genannt) in der Nähe von Brügge.
- 1984 kann Bund ohne Namen das fünfundzwanzigjährige Bestehen feiern. Es erscheint eine Sonderbroschüre. Die belgische Post bringt eine Sonderbriefmarke heraus.
- 1985 spricht Phil Bosmans im Auftrag der Flämischen Regierung bei der Eröffnung der flämischen Technologiemesse. Sein kritisches Plädoyer für den Menschen erscheint als Sonderbroschüre.
- März 1988 findet in Frankfurt am Main die Gründungsversammlung des deutschen Bundes ohne Namen statt.
- 1988 veröffentlicht Phil Bosmans das Buch »God, niet te geloven« (deutsch: »Gott – nicht zu glauben«, später unter dem Titel: »Vergiß die Liebe nicht«. Leben mit dem unglaublichen Gott). Auszüge aus diesem Buch werden später von Godfried Kardinal Danneels auf Band gesprochen und durch »Eigentijdse Jeugd« als vierte Bosmans-CD »Gott, meine Oase« verbreitet.
- Januar 1990 wird in Antwerpen ein Auffangzentrum für Frauen mit mehreren Kindern (»De Stobbe«) eröffnet. Das ehemalige Klostergebäude wird für den neuen Verwendungszweck entsprechend umgebaut.
- 1990 hält Phil Bosmans Fastenansprachen beim Radio Vatikan in deutscher Sprache, die auch als Buch erscheinen.
- April 1991 erhält Phil Bosmans zum zweiten Mal den »Visser Neerlandia-Preis«, die dazugehörende Geldsumme gibt er an »Ärzte ohne Grenzen«.
- Juli 1991 überträgt Phil Bosmans alle seine Verantwortlichkeiten im Bund ohne Namen an jüngere Mitarbeiter.
- 1992 erhält er den »Preis der Flämischen Gemeinschaft« sowie die Limburgische Kulturauszeichnung.
- Ende 1993 schwere Erkrankung von Leontine Franck, der Pfarrhaushälterin, die Phil Bosmans über zwei Jahre lang Anfang der fünfziger Jahre gepflegt hat. Phil Bosmans bleibt bei der Todgeweihten und sorgt für sie bis zu ihrem Lebensende am 31. August 1993.
- Am 18. Dezember 1993 erleidet Phil Bosmans einen schweren Autounfall.

• In der Nacht des 10. Februar 1994 muß er in die Universitätsklinik von Antwerpen gebracht werden. Dort stellt man einen Schlaganfall fest, er bleibt halbseitig gelähmt.

• Am 9. November 1997 wird auf der Antwerpener Buchmesse das von »Eigentijdse Jeugd« produzierte Video vorgestellt: »Manchmal komme ich mir wie ein kleiner Esel vor«. Anlaß ist das silberne Jubiläum des Bestsellers »Menslief, ik hou van je«. Seit 1997 realisiert »Eigentijdse Jeugd« verschiedene Bosmans-CDs: »Applaus für die Schöpfung«, »Mensch, ich hab dich gern«, »Himmlisch ist die Erde für jene, die täglich ihre Liebe feiern«, »Vergiß die schönen Tage nicht«, »Gott, meine Oase« (alle in niederländischer Sprache).

• Am 7. März 1998 kann Phil Bosmans sein Goldenes Priesterjubiläum feiern.

• Am 30. August 1998 findet mit ihm noch ein großes Fest statt, veranstaltet von »Eigentijdse Jeugd«, das vom Fernsehen in den Niederlanden und in Belgien übertragen wird.

• Am 14. September 1998 wird er anläßlich des vierzigjährigen Bestehens von Bund ohne Namen vom belgischen König Albert II. empfangen.

• Am 3. Oktober 2000 gründet Pfarrer Pavao Madžarević in Kroatien den Bund ohne Namen (Savez bez imena). In Slavonski Brod entsteht ein »Haus des Herzens«. Der begeisterte Seelsorger hat alle Bosmans-Bücher ins Kroatische übersetzt und ist auch durch seine Medienarbeit von großem Einfluß in Kroatien.

• Am 17. Oktober 2000 wird in Brody in der Ukraine der Bund ohne Namen (Spilka bez imeni) gegründet. Initiatoren sind der griechisch-katholische Priester Yaroslav Tsaryk aus Brody und Frau Iryna Terletzka aus Lviv (Lemberg). Die Botschaft wird auch durch die ukrainische Übersetzung der Bosmans-Spruchsammlung »Nimm dir Zeit zum Glücklichsein« verbreitet (1. Auflage 1999, 3. Auflage 2001). Für Kinder und Jugendliche aus schwierigen sozialen Verhältnissen entsteht ein Betreuungs- und Ausbildungszentrum (»Yunist«).

• Am 1. Juli 2002 ist der 80. Geburtstag von Phil Bosmans. Kurz danach kann er dieses Ereignis beim jährlichen Begegnungstreffen des deutschen Bundes ohne Namen zusammen mit über hundert Freunden und Freundinnen aus ganz Deutschland auf der Jugendburg Gemen im Münsterland feiern in großer Freude und Dankbarkeit.

II. Die Bücher von Phil Bosmans
Bibliographisches Verzeichnis

Die Titel sind in der zeitlichen Reihenfolge des Erscheinens aufgeführt. Die deutschen Ausgaben sind nummeriert und durch größeren, farbigen Druck hervorgehoben, bei ihnen ist nicht nur das Erscheinungsjahr der ersten, sondern auch der letzten Auflage angegeben (Stand Frühjahr 2003). Nach den deutschen folgen jeweils die niederländischen Ausgaben, dann die Übersetzungsausgaben in chronologischer Folge. Durch Kursivdruck sind die Titel gekennzeichnet, die nicht in deutscher Sprache erschienen sind, sowie aus mehreren Bosmans-Büchern zusammengestellte eigenständige Textsammlungen, für die keine deutsche bzw. niederländische Buchvorlage besteht.

niederländisch: Worsteling tussen Hemel en Aarde. Brieven aan jonge tochtgenoten [Ringen zwischen Himmel und Erde. Briefe an junge Weggefährten]. 83 S., kt. – Tielt (Lannoo) 1952

indonesisch: Pergulatan antara surga dan bumi. Surat-surat kepada teman-teman seperjalanan. 114 S., kt. – Bandung (Seminari Montfort) 1999

niederländisch: Wat mankeert de mens? [Was fehlt dem Menschen?] 128 S., Abb., kt. – Tielt (Lannoo) 1968

französisch: Que manque-t-il à l'homme? 64 S., Abb., kt. – Bruxelles (Foyer Notre Dame), Montreal (Iris) 1969

1 **Vergiß die Freude nicht.** 120 S., 46 Abb., geb. – Freiburg-Basel-Wien (Herder) 1976, [52]1999. Neuausgabe 2001 (Nr. 33)

niederländisch: Menslief, ik hou van je. Vitaminen voor het hart. 108 S., Abb., kt. – Tielt (Lannoo) 1972

französisch: Aimer. Compagnon du chemin des vivants. 116 S., Abb. – Paris (Desclée) 1976

norwegisch: Kjaere medmenneske. 100 S., Abb., geb. – Oslo (Dreyers Forlag) 1976

italienisch: Vita più. Pagine per la gioia. 120 S., Abb., geb. – Bologna (Centro Editoriale Dehoniano) 1977

englisch: Give Happiness A Chance. 128 S., Abb., geb. – Watford (Exley) o. J. [1978]

spanisch: La alegría de vivir. 123 S., Abb. geb. – Barcelona (Ediciones 29) 1979

englisch: Give Happiness A Chance. 128 S., Abb., geb. – Chicago-New-York-San Francisco (Rand McMally Company) 1980

portugiesisch: Amar. Vitaminas para o seu coração. 120 S., Abb., kt. – Porto (Perpétuo Socorro) 1980

indonesisch: Berbahagialah bersamaku. 125 S., Abb., kt. – Yogyakarta (Penerbit Yayasan) 1983

englisch: Give Happiness A Chance. 128 S., Abb., geb. – Singapore (Times Books International) 1984 *kroatisch:* Zivjeti je radost. Vitamini za srce. 121 S., Abb., kt. – Zagreb (Krsćanska sadasnjost) 1985 (5. Auflage 1994)

afrikaans: Onthou die mooi dag. 27 S., Abb., geb. – Helderkruin (CUM-Boeke) 1985

schwedisch: Kära medmänniska. Vitaminer för hjärtat. 102 S., Abb., geb. – Malmö (Bernces Förlag) 1986

dänisch: Giv glæden en chance. 122 S., Abb., kt. – Kopenhagen (Borgens Forlag) 1986

norwegisch: Jeg er glad i deg. 118 S., Abb., geb. – Oslo (Dreyer) 1988

Esperanto: Sanco por felico. 96 S., Abb., kt. – Tielt (Lannoo) 1988

polnisch: Nie zapomnij o radoǐci. 152 S., Abb., kt. – Warschau (Pallottinum) 1990

spanisch: La alegría de vivir. 128 S., kt. – Buenos Aires (Ediciones Paulinas) 1991

spanisch: La alegría de vivir. 128 S., kt. – Caracas (Ediciones Paulinas) [o. J.]

portugiesisch: Não esqueçam a alegria. 110 S., kt. – Petrópolis (Vozes) 1992

tschechisch: Nezapomeina radost. 120 S., Abb., kt. – Olomouc (Ave) 1992

indisch: [Sukh ne ek avasar to aapo]. 128 S., kt. – Bombay 1993

koreanisch: [Vergiß die Freude nicht]. 128 S., Abb., geb. – Seoul (Sigongsa) 1995

slowenisch: Ne pozabi na veselje. 136 S., Abb, kt. – Celja (Mohorjeva druzba) 1996

rumänisch: Nu uita bucuria. 112 S., kt. – Bukarest (Editura Arhiepiscopiei Romano-Catolice) 1996

englisch: Give Happiness A Chance. 136 S., Abb., kt. – Bombay (Pauline Publications) 1996

ungarisch: Szivbalzsam. 112 S., kt. – Szeged (Agape) 1996

spanisch: La alegría de vivir. 120 S., Abb., kt. – Caracas (Movimiento Sin Nombre/Ediciones Delia C.A.) 1997

japanisch: [Vergiß die Freude nicht]. 64 S., Abb., kt. – Nagano (Fujio) 1998

spanisch: La alegría de vivir. 132 S. kt. – Medellin (Colina) 1999

lettisch: Atver sirdi priekam! 112 S., geb. – Riga (Rigas Katolu garigais seminars) 2000

ukrainisch: [Ne zabuvaj radosti]. 131 S., Abb., kt. – Brodi (Dobra vist/Spilka bez imeni) 2001

tschechisch: Nezapomeina radost. 112 S., geb. – Kostelní Vydrí (Karmelitánské Nakladatelství) 2002

englisch: Give Happiness A Chance. 132 S., Abb., geb. – Singapore (St. Paul Books & Media) o. J.

arabisch: [Mot d'amitié]. 136 S., kt. – (außer französischem Titel alles arabisch)

chinesisch: [Give Happiness A Chance]. 120 S. kt. – (außer englischem Titel alles chinesisch)

2 Blumen des Glücks mußt du selbst pflanzen.

120 S., 58 Abb. – Freiburg-Basel-Wien (Herder) 1978, 27 1998. Neuausgabe 2001 (Nr. 34)

niederländisch: Bloemen van geluk moet je zelf planten. Spreuken van Bond zonder Naam. 64 S., Abb., kt. – Tielt (Lannoo) 1975

spanisch: Las flores del bien. 124 S., 58 Abb., geb. – Barcelona (Ediciones 29) 1980

norwegisch: Lykkens blomster ma du selv plante. 196 S., Abb., geb. – Oslo (Grøndahl og Dreyers Forlag) 1981

portugiesisch: Felicidade. As flores do bem. 112 S., Abb., kt. – Porto (Perpétuo Socorro) 1983

spanisch: Las flores del bien. 86 S., kt. – Caracas (Ediciones Paulinas) 1990

spanisch: Las flores del bien. 96 S., kt. – Buenos Aires (Ediciones Paulinas) 1991

indonesisch: Bunga-bunga Kebahagiaan: Tanamlah Sendiri. 66. S., Abb., br. – Yogyakarta (Penerbit Kanisius) 1996

ungarisch: Az öröm virágait neked kell elültetned. 112 S., Abb., kt. – Szeged (Agape) 1996

slowenisch: Roze srece moras saditi sam. 88 S., Abb., kt. – Celje (Mohorjeva druzba) 1997

portugiesisch: Flores de felicidade. Você mesmo deve plantar. 68 S., kt. – Petrópolis (Vozes) 1997

tschechisch: Kvĕty štĕstí zasad sám. 64 S.,
Abb., geb. – Kostelní Vydrí (Karmelitanské Nakladatelství) 1998

kroatisch: Cvijeće sreće moras saditi sam.
112 S., Farbfotos, geb. – Zagreb (Krsćanska sadasnjost) 1999

3 Liebe wirkt täglich Wunder. 160 S., Abb.,
geb. – Freiburg-Basel-Wien (Herder) 1980,
[15]1998. Neuausgabe 2002 (Nr. 35)

niederländisch: In Liefde weer Mens worden.
192 S., Abb., geb. – Tielt (Lannoo) 1979

spanisch: El derecho al amor. 188 S., Abb., geb. –
Barcelona (Ediciones 29) 1981

afrikaans: Liefde maak jou weer Mens. 192 S.,
Abb., geb. – Roodepoort (CUM-Boeke) 1984

norwegisch: Kjærlighet. 120 S., Abb., geb. –
Oslo (Dreyer) 1984

portugiesisch: Bondade. A força do amor.
104 S., Abb., kt. – Porto (Perpétuo Socorro)
1988

portugiesisch: Amor. O dom ao outro. 120 S.,
Abb., kt. – Porto (Perpétuo Socorro) 1988

kroatisch: Ljubav svaki dan cini cuda. Za kultu-
ru nenasilja. 143 S., Abb. – Zagreb (Krsćanska
sadasnjost) 1997

4 Ja zum Leben. 120 S., Abb., geb. – Freiburg-
Basel-Wien (Herder) 1983, [18]1998, Neuausgabe
2002 (Nr. 36)

niederländisch: Ja, alleen de optimisten zullen
overleven. 128 S., Abb., kt. – Tielt (Lannoo) 1983

spanisch: Sí a la vida. 124 S., Abb., geb. – Barcelona (Ediciones 29) 1983

afrikaans: Ja! Slegt die optimiste sal oorleef!
127 S., Abb., kt. – Roodepoort (CUM-Boeke) 1984

französisch: Oui à la vie. 120 S., Abb., kt. – Paris
(Desclée) 1985

französisch: Les optimistes vivront. 120 S.,
Abb., kt. – Ottawa (Novalis) 1985

norwegisch: Ja! Optimistene vil overleve. 128 S.,
Abb., geb. – Oslo (Dreyer) 1986

kroatisch: Zivotu reći DA. 82 S., Abb., kt. – Zagreb (Krsćanska sadasnjost) 1990

portugiesisch: Um hino à vida. 112 S., Abb., kt. –
São Paulo (Edições Paulinas) 1990

spanisch: Sí a la vida. 104 S., kt. – Caracas
(Ediciones Paulinas) 1990

polnisch: Tak powiedziane życiu. 88 S., Abb., kt. –
Warschau (Wydawnictwo Cor Apertum) 1992

spanisch: Sí a la vida. 112 S., kt. – Buenos Aires
(Ediciones Paulinas) 1992

koreanisch: [Ja zum Leben]. 120 S., Abb., geb. –
Seoul (Sigongsa) 1996

indonesisch: Anda Dilahirkan untuk Mencintai.
104 S., Abb., kt. – Yogyakarta (Penerbit Kanisius)
1996

rumänisch: Da vietii. 64 S., br. – Bukarest
(Editura Arhiepiscopiei Romano-Catolice) 1997

tschechisch: Ano zivotu. 72 S., Abb., geb. –
Kostelní Vydrí (Karmelitánské Nakladatelství)
1998

slowenisch: Reci zivljenju da. 96 S., Abb., kt. –
Celje (Mohorjeva druzba) 1999

5 Ich hab' dich gern. 120 S., Abb., geb. –
Freiburg-Basel-Wien (Herder) 1985, [9]1995.
Neuausgabe 2003 (Nr. 39)

niederländisch: Neem je tijd om gelukkig te
zijn. 120 S., Abb., kt. – Tielt (Lannoo) 1987

kroatisch: Jednostavno volim te. 80 S., Abb., kt. –
Zagreb (Krsćanska sadasnjost) 1988

spanisch: Tómate tu tiempo. 120 S., Abb., kt. –
Caracas (Ediciones Paulinas) 1989

spanisch: Tómate tu tiempo. 110 S., kt. – Buenos
Aires (Ediciones Paulinas) 1990

spanisch: Tómate tiempo. 114 S., Abb., kt. –
Barcelona (Ediciones 29) 1990

afrikaans: Neem tyd om gelukkig te wees. 119
S., Abb., geb. – Vereeniging (Christelike Uitgewersmaatskappy) 1991

polnisch: Czlowieku lubie cie. 72 S., Abb., kt. –
Warschau (Wydawnictwo Salezjahskie) 1994

portugiesisch: Calor humano. 72 S., kt. –
Petrópolis (Vozes) 1994

koreanisch: ［Ich hab dich gern］. 128 S., Abb., geb. – Seoul (Sigongsa) 1995

slowenisch: Rad te imam. 88 S., Abb., kt. – Celje (Mohorjeva družba) 1997

spanisch: Tómate tu tiempo. 104 S., kt. – Medellin (Colina) 1999

rumänisch: Mi-esti drag! 80 S., br. – Bukarest (Editura Arhiepiscopiei Romano-Catolice) 1999

6 **Worte zum Menschsein.** 128 S., Abb., geb. – Freiburg-Basel-Wien (Herder) 1986, [17]1998. Neuausgabe 1999 (Nr. 28)

niederländisch: Zomaar voor jou. Vrede en alle goeds. 128 S., Abb., geb. – Tielt (Lannoo) 1986

afrikaans: Sommer vir jou. 'n Bietjie vreugde, 'n handvol geluk. 117 S., Abb., geb. – Helderkruin (CUM-Boeke) 1987

englisch: Wispering hope. 128 S., Abb., geb. – Middlegreen (St Pauls Publications) 1990

spanisch: Vitaminas para tu corazón. 144 S., Abb., kt. – Caracas (Ediciones Paulinas) 1990

spanisch: Vitaminas para tu corazón. 108 S., Abb., geb. – Barcelona (Ediciones 29) 1987

polnisch: Być człowiekiem. 88 S., kt. – Warschau (Wydawnictwo Salezjańskie) 1991

portugiesisch: Eu gosto de você. 110 S., Abb., kt. – Petrópolis (Vozes) 1992

rumänisch: Cuvinte pentru a fi om. 100 S., br. – Bukarest (Editura Arhiepiscopiei Romano-Catolice) 1994

koreanisch: ［Worte zum Menschsein］. 134 S., kt. – Seoul (St Pauls) 1997

englisch: Just for You. 48 S., Abb., geb. – Vereeniging (Christian Art) 1999

englisch: Just for You. 60 S., Abb., geb. – Vereeniging (Christian Art Gifts) 1999

afrikaans: Sommer vir Jou. 48 S., farbig illustriert. – Vereeniging (Christian Art) 1999

afrikaans: Sommer vir Jou. 60 S., Abb., kt. – Vereeniging (Christian Art Gifts) 1999

Esperanto: Donace al vi … 76 S., br. – Antwerpen (FEL, Movado sen Nomo) 2000

7 **Gott – nicht zu glauben.** 220 S., geb. – Freiburg-Basel-Wien (Herder) 1987, [4]1991. Neuausgabe 1997 unter verändertem Titel (Nr. 25)

niederländisch: God, niet te geloven. 228 S., geb. – Tielt (Lannoo) 1988

spanisch: Dios, eres increíble! 222 S., kt. – Barcelona (Ediciones 29) 1988

kroatisch: Taj nevjerojatni Bog. 185 S., kt. – Zagreb (Krsćanska sadasnjost) 1989

norwegisch: Gud, ikke til å tro. 212 S., geb. – Oslo (Grøndahl Dreyer) 1989

spanisch: Dios, eres increíble! 272 S., kt.– Caracas (Ediciones Paulinas) 1990

afrikaans: God my Oase. Ervaar die rustigheid in God se teenwoordigheid. 64 S., geb. – Vereeniging (Christelike Uitgewersmaatskappy) 1994

polnisch: Bóg ktoremu wierzymy. 128 S., kt. – Warschau (Wydawnistwo Salezjahskie) 1995

portugiesisch: Ó Deus, És Incrível! 78 S., kt.– Cucujães (Editorial Missões) 1995

portugiesisch: E habitou entre nós. O Humanismo de Deus. 88 S., Abb. – Cucujães (Editorial Missões) 1996

portugiesisch: Velhas perguntas sem resposta imediata. 72 S., Abb. – Cucujães (Editorial Missões) 1996

portugiesisch: Deus, meu Oásis. Testemunhos dum pequeno crente. 64 S., Abb., kt. – Cucujães (Editorial Missões) 1996

portugiesisch: Meu Deus, Por Quê? 270 S., kt. – Petrópolis (Vozes) 1998

8 **Mit Herz durch das Jahr.** Kalenderbuch. 112 S., Abb., geb. – Freiburg-Basel-Wien (Herder) 1988, [4]1988. Vergriffen

niederländisch: Dagboek 365. 112 S., Abb., geb. – Tielt (Lannoo) 1989

afrikaans: Dagboek 365. 112 S., Abb., geb. – Vereeniging (Christelike Uitgewersmaatskappy) 1989

spanisch: 365 dias. 114 S., Abb., kt. – Barcelona (Ediciones 29) 1990 *spanisch:* 365 dias. 114 S., Abb., kt. – Caracas (Ediciones Paulinas) 1991

tschechisch: S láskou po celý rok. 108 S., kt. – Olomouc (Ave) 1992

kroatisch: Srcem kroz godinu. Trajni kalendar. 112 S., Abb., geb. – Zagreb (Krsćanska sadasnjost) 1994

rumänisch: Strbbbtând anul. Calendaral inimii. 136 S., kt. – Bukarest (Editura Arhiepiscopiei Romano-Catolice) 1998

englisch: A Little Piece of Heaven. 48 S., Abb., geb. – Vereeniging (Christian Art) 1999

englisch: A Little Piece of Heaven. 60 S., Abb., geb. – Vereeniging (Christian Art Gifts) 1999

afrikaans: n klein stukkie hemel. 48 S., Abb., geb. – Vereeniging (Christian Art Gifts) 1999

tschechisch: Prozít rok s láskou. 92 S., geb. – Kostelní Vydrí (Karmelitánské Nakladatelství) 2001

niederländisch: Mensen gaarne zien, da's mijn hobby. Spreukenboek van Bond zonder Naam. [Menschen gerne sehen, das ist mein Hobby. Buch der Sprüche vom Bund ohne Namen]. 128 S., Abb., geb. – Tielt (Lannoo) 1989

9 **Gelöster leben.** Fasten- und Ostergedanken. 48 S., Abb., kt. – Freiburg-Basel-Wien (Herder) 1989. Vergriffen

niederländisch: Jezelf bevrijden. Gedachten over Vasten en Pasen. 48 S., Abb., kt. – Tielt (Lannoo) 1989

norwegisch: Befri deg selv. Tanker for fasten op pasken. 50 S., Abb., geb. – Oslo (Dreyer) 1990

kroatisch: Zivjeti slobodu. Misli o postu i Uskrsu. 39 S., kt. – Zagreb (Krsćanska sadasnjost) 1997

10 **Nimm dir Zeit zum Glücklichsein.**
Brevier für jeden Tag. 128 S., 12 Abb., geb. – Freiburg-Basel-Wien (Herder) 1991. ⁴1998. Vergriffen

niederländisch: Je leeft maar één dag, vandaag. Van dag tot dag met Phil Bosmans. 108 S., geb. – Tielt (Lannoo) 1990

afrikaans: Jy leef net één dag, vandaag. Van dag tot dag met Phil Bosmans. 101 S., geb. – Vereeniging (Christelike Uitgewersmaatskappy) 1991

norwegisch: Ord for dagen. 112 S., Abb., geb. – Oslo (Dreyers Forlag) 1991

kroatisch: Nadi vremena da budes sretan. 128 S., Abb., geb. – Zagreb (Krsćanska sadasnjost) 1996

russisch: [Naidi vremja dlja stschastja]. 244 S., Abb., geb. – Moskau 1997

ukrainisch: [Te dschevesch lesche oden den cogodni.]. 128 S., Abb., kt. – Brody (Dobra vist/Karitas-Brody) 1999

polnisch: Szczej cie na kaldy dzień. 368 S., Abb., geb. – Wrocław (Semen) 2001

11 **In dir liegt das Glück.** 120 S., Abb., geb. – Freiburg-Basel-Wien (Herder) 1990, ⁵1998. (Neuausgabe 2004 geplant)

niederländisch: Leven is de moeite waard. 128 S., Abb., kt. – Tielt (Lannoo) 1993

spanisch: Vivir vale la pena. 111 S., Abb., geb. – Barcelona (Ediciones 29) 1991

afrikaans: In jou lê die Geluk. 90 S., geb. – Vereeniging (Christelike Uitgewersmaatskappy) 1992

spanisch: Vivir vale la pena. 128 S., kt. – Buenos Aires (Ediciones Paulinas) 1992

norwegisch: Spre glede! 120 S., Abb., geb. – Oslo (Dreyer og Grøndahl) 1991

portugiesisch: Vale a pena vivir. 128 S., kt. – Lisboa (Edições São Paolo) 1995

portugiesisch: A felicidade mora em você. 78 S., kt. – Petrópoli (Vozes) 1995

kroatisch: Sreća je u tebi. 120 S., Abb., kt. – Zagreb (Krsćanska sadasnjost) 1996

slowenisch: Sreca se skriva v tebi. 112 S., Abb., kt. – Celje (Mohorjeva druzba) 1996

tschechisch: Stfstí je v tob£ 88 S., Abb., geb. – Kostelní Vydrí (Karmelitánské Nakladatelství) 1996

indonesisch: Kebahagiaan: Di manakah Engkau?
119 S., Abb., kt. – Yogyakarta (Penerbit Kanisius)
1996
rumänisch: În tine este fericirea. 90 S., br. –
Bukarest (Editura Arhiepiscopiei Romano-Catolice)
1997

12 **Gott – nicht zu glauben.** Vom Kern aller
Lebensfreude. 220 S., kt. (Taschenbuchausgabe in
der Herderbücherei) – Freiburg-Basel-Wien
(Herder) 1993, [3]1995. Vergriffen

13 **Zum Glück zu zweit.** 96 S., 46 Farbfotos
(Hermann Steigert), geb. – Freiburg-Basel-Wien
(Herder) 1994, [10]2002

niederländisch: In de zevende hemel. Vitaminen
voor gehuwden en voor allen die samen door het
leven gaan. 104 S., Abb., geb. – Tielt (Lannoo) 1994
kroatisch: Za sreću u dvoje. Vitamini za sve koji
idu zajedno kroz zivot. 96 S., Abb., geb. – Zagreb
(Krsćanska sadasnjost) 1995
spanisch: Juntos hasta el cielo. Vitaminas para
matrimonios y para todos aquellos que caminan
juntos por la vida. 104 S., Abb., kt. – Barcelona
(Ediciones 29) 1995
spanisch: Juntos hasta el cielo. Vitaminas para
matrimonios y para todos aquellos que caminan
juntos por la vida. 104 S., Abb., kt. – Caracas (San
Pablo) 1996
norwegisch: I syvende himmel. Vitaminer for
alle som gor sammen gjennom livet. 104 S., Abb.,
geb. – Oslo (Grøndahl og Dreyers Forlag) 1997

14 **Leben lebt von Zärtlichkeit.** 16 S., Abb.,
br. – Freiburg-Basel-Wien (Herder) 1995, [3]1996.
Vergriffen

15 **Applaus für das Leben.** 144 S., 94 Farbfotos (Werner Richner), geb. – Freiburg-Basel-
Wien (Herder) 1995. [6]1999
niederländisch: Applaus voor het leven. 144 S.,
83 Farbfotos (Jan Decreton), geb. – Tielt (Lannoo)
1995

norwegisch: Hurra for livet. 112 S., Abb., geb. –
Oslo (Grøndahl og Dreyers Forlag) 1996
spanisch: Un aplauso para la vida. 144 S., 83
Farbfotos (Jan Decreton), geb. – Buenos Aires
(Lumen) 1997
portugiesisch: Palmas para a vida! 120 S.,
Abb., kt. – Sao Paulo (Loyola) 1997
spanisch: Aplausos para la vida. 128 S., kt. –
Caracas (San Pablo) 1997

16 **Zum Geburtstag alles Liebe.** 16 S.,
Abb., br. – Freiburg-Basel-Wien (Herder) 1996,
[2]1996. Vergriffen

afrikaans: 'n tuin van vriedskap [Ein Garten der Freundschaft]. 96 S., geb. – Vereeniging
(Christian Art) 1995 (Textsammlung)

spanisch: El secreto de la felicidad.
222 S., kt. – Barcelona (Planeta) 1996
(Textsammlung)

17 **Sonnenstrahlen der Freude.** 56 S., 27
Farbfotos (Florian Werner), geb. – Freiburg-Basel-
Wien (Herder) 1996, [8]1999

niederländisch: Zonnestralen von vreugde. 56
S., 27 Farbfotos (Florian Werner), geb. – Tielt
(Lannoo) 1999
kroatisch: Suncane zrake radosti. 36 S., Abb.,
kt. – Zagreb (Krsćanska sadasnjost) 1997
französisch: Soleils de joie. 56 S., 27 Farbfotos
(Frantisek Zvardon), geb. – Ottawa (Novalis)
2000; Paris (Éditions du Signe) 2000

18 **Sonnenstrahlen des Glücks.** 56 S., 27
Farbfotos (Werner Richner), geb. – Freiburg-
Basel-Wien (Herder) 1996, [8]1999

niederländisch: Zonnestralen van geluk. 56 S.,
27 Farbfotos (Werner Richner), geb. – Tielt
(Lannoo) 1999
kroatisch: Suncane zrake srece. 36 S., Abb., kt.
– Zagreb (Krsćanska sadasnjost) 1997

polnisch: Sloneczne promyki szczescia. 56 S., 27 Farbfotos (Werner Richner), geb. – Warschau (Wydanictwo Salezjahskie) 1998

französisch: Soleils de bonheur. 56 S., 27 Farbfotos (Frantisek Zvardon), geb. – Ottawa (Novalis) 2001; Paris (Éditions du Signe) 2001

19 **Sonnenstrahlen der Hoffnung.** 56 S., 27 Farbfotos (Werner Richner), geb. – Freiburg-Basel-Wien (1996), [8]2001

niederländisch: Zonnestralen van hoop. 56 S., 27 Farbfotos (Werner Richner), geb. – Tielt (Lannoo) 1998

kroatisch: Suncane zrake nade. 36 S., Abb., kt. – Zagreb (Krsćanska sadasnjost) 1998

polnisch: Sloneczne promyki nadziei. 56 S., 27 Farbfotos (Werner Richner), geb. – Warschau (Wydawnictwo Salezjahskie) 1998

20 **Sonnenstrahlen des Herzens.** 56 S., 27 Farbfotos (Florian Werner), geb. – Freiburg-Basel-Wien (Herder) 1996, [7]2001

niederländisch: Zonnestralen voor het hart. 56 S., 27 Farbfotos (Florian Werner), geb. – Tielt (Lannoo) 1998

kroatisch: Suncane zrake srca. 36 S., Abb., kt. – Zagreb (Krsćanska sadasnjost) 1997

21 **Sonnenstrahlen der Liebe.** 56 S., 27 Farbfotos (Florian Werner), geb. – Freiburg-Basel-Wien (Herder) 1997, [5]2001

niederländisch: Zonnestralen van liefde. 56 S., 27 Farbfotos (Florian Werner), geb. – Tielt (Lannoo) 1998

kroatisch: Suncane zrake ljubavi. 36 S., Abb., kt. – Zagreb (Krsćanska sadasnjost) 1998

polnisch: Sloneczne promyki milosci. 56 S., 27 Farbfotos (Florian Werner), geb. – Warschau (Wydawnistwo Salezjahskie) 1998

22 **Sonnenstrahlen der Freundschaft.** 56 S., 27 Farbfotos (Florian Werner), geb. – Freiburg-Basel-Wien 1997, [6]2002

niederländisch: Zonnestralen van vriendschap. 56 S., 27 Farbfotos (Florian Werner), geb. – Tielt (Lannoo) 1998

kroatisch: Suncane zrake prijateljstva. 36 S., Abb., kt. – Zagreb (Krsćanska sadasnjost) 1998

polnisch: Sloneczne promyki przyjazni. 56 S., 27 Farbfotos (Florian Werner), geb. – Warschau (Wydawnistwo Salezjahskie) 1998

französisch: Soleils d'amitié. 56 S., 27 Farbfotos (Frantisek Zvardon). – Ottawa (Novalis) 2001; Paris (Éditions du Signe) 2001

23 **Sonnenstrahlen der Schöpfung.** 56 S., 27 Farbfotos (Werner Richner), geb. – Freiburg-Basel-Wien (Herder) 1997, [3]2000

niederländisch: Zonnestralen van de schepping. 56 S., 27 Farbfotos (Werner Richner). – Tielt (Lannoo) 1999

kroatisch: Suncane zrake stvorenja. 36 S., Abb., kt. – Zagreb (Krsćanska sadasnjost) 1998

24 **Sonnenstrahlen ins Leben.** 56 S., 27 Farbfotos (Werner Richner), geb. – Freiburg-Basel-Wien (Herder) 1997, [5]2000

niederländisch: Zonnestralen voor elke dag. 56 S., 27 Farbfotos (Werner Richner), geb. – Tielt (Lannoo) 1999

kroatisch: Suncane zrake zivota. 36 S., Abb., kt. – Zagreb (Krsćanska sadasnjost) 1998

französisch: Soleils de vie. 56 S., 27 Farbfotos (Frantisek Zvardon). – Ottawa (Novalis) 2000; Paris (Éditions du Signe) 2000

rumänisch: Raze de soare. 176 S., kt. – Bukarest (Editura Arhiepiscopiei Romano-Catolice) 2000 (enthält alle Texte der Reihe: Sonnenstrahlen)

25 **Vergiß die Liebe nicht.** Leben mit dem unglaublichen Gott. 222 S., geb. – Freiburg-Basel-Wien (Herder) 1997 (Neuausgabe von Nr. 7)

26 **Mit allen guten Wünschen.** 64 S., 19 Farbfotos (Roland Höpker), geb. – Freiburg-Basel-Wien (Herder) 1998, ^{3}2000

niederländisch: Beste wensen. Voor mensen langs de levensweg. 64 S., Abb. – Tielt (Lannoo) 2000

27 **Fest der Freude.** 48 S., Farbfotos (Klaus Ender), geb. – Freiburg-Basel-Wien (Herder) 1998, ^{4}1999

spanisch: Las siete columnas del alma. Razones para vivir en armonía von Dios y con los Hombres. 220 S., kt. – Barcelona (Ediciones 29) 1998 (umfangreiche Textsammlung; Auswahl identisch mit „La chiave della felicità")

italienisch: La chiave della felicità. 188 S., Abb., geb. – Mailand (Paoline) 1998 (umfangreiche Textsammlung; Auswahl identisch mit „Las siete columnas")

29 **Sonne für das Leben.** 144 S., Farbfotos (Florian Werner), geb. – Freiburg-Basel-Wien (Herder) 1999, ^{2}2000

28 **Worte zum Menschsein.** 160 S., geb. – Freiburg-Basel-Wien (Herder) 1999, ^{5}2002 (Neuausgabe von Nr. 6)

30 **Leben jeden Tag.** Ein Jahresbegleiter. 400 S., Abb., geb. – Freiburg-Basel-Wien (Herder) 1999, ^{4}2003

niederländisch: Menslief, ik wens je vrede en alle goeds. 392 S., geb. – Tielt (Lannoo) 2000
kroatisch: Zivjeti svaki dan. Pratilac kroz godinu. 390 S., Abb., kt. – Zagreb (Krsćanska sadasnjost) 2000

polnisch: Lyć każdym dniem. Czyli jak znaleźć wielka radożć w malych rzeczach. 400 S., Abb. – Wrocław (Semen) 2001

31 **Weihnachten mit Phil Bosmans.** Texte für alle Tage der Advents- und Weihnachtszeit. 96 S., 37 Farbfotos (Roland Höpker), geb. – Freiburg-Basel-Wien (Herder) 1999, ^{3}2001

kroatisch: Ususret Bozićú. Tekstovi za sve dane dosasća i Bozića. 59 S., Abb., kt. – Zagreb (Krsćanska sadasnjost) 1999
rumänisch: Craciun cu Phil Bosmans. Texte pentru toate zilele din Advent si din timpul Craciunului. 62 S., kt. – Bukarest (Editura Arhiepiscopiei Romano-Catolice) 2001

32 **Vergiß nicht, daß du Flügel hast.** 32 S., Farbfotos, geb. – Freiburg-Basel-Wien (Herder) 2000, ^{3}2002

italienisch: La felicità è per te. 141 S., Abb., geb. – Mailand (Paoline) 2000 (Textsammlung) *La strada della felicità.* 172 S., Abb., geb. – Mailand (Paoline) 2001 (Textsammlung)

33 **Vergiß die Freude nicht.** 94 S., Farbfotos (Wolfgang Müller), geb. – Freiburg-Basel-Wien (Herder) 2001, ^{2}2002 (Neuausgabe von Nr. 1)

34 **Blumen des Glücks mußt du selbst pflanzen.** 94 S., Farbfotos (Wolfgang Müller), geb. – Freiburg-Basel-Wien (Herder) 2001, ^{2}2002 (Neuausgabe von Nr. 2)

35 **Liebe wirkt täglich Wunder.** 94 S., Farbfotos (Ulrike Schneiders), geb. – Freiburg-Basel-Wien (Herder) 2002 (Neuausgabe von Nr. 3)

36 **Ja zum Leben.** 94 S., Farbfotos (Ulrike Schneiders), geb. – Freiburg-Basel-Wien (Herder) 2002 (Neuausgabe von Nr. 4)

37 **Ostern mit Phil Bosmans.** Ein Begleiter durch die Fasten- und Osterzeit. 92 S., Abb., geb. – Freiburg-Basel-Wien (Herder) 2003

kroatisch: Uskrs s Philom Bosmansom. Pratitelj u korizmenome i uskrsnome vremenu. 94 S., Abb., geb. – Zagreb (Glas Koncila) 2003

38 **Eine Handvoll Sonnenschein.** Gute Wünsche zum Geburtstag. 24 S., Farbfotos, br. – Freiburg-Basel-Wien (Herder) 2003

39 **Ich hab' dich gern.** 94 S., Farbfotos (Ulrike Schneiders), geb. – Freiburg-Basel-Wien (Herder) 2003 (Neuausgabe von Nr. 5)

Bildnachweis

Fotos, die Texten von Phil Bosmans unterlegt
sind: Ulrike Schneiders, Breitbrunn.
Alle anderen Fotos: persönliches Archiv Phil
Bosmans. Hinweise zu diesen Fotos, soweit sie
sich nicht aus dem Zusammenhang des Textes von
selbst verstehen: S. 14 im Alter von 10 Jahren,
links; S. 19 in der Kluft der Katholischen Schüleraktion; S. 21 am elterlichen Hof, mit Mütze;
S. 27 bei der Priesterweihe 1948; S. 29 beim
Goldenen Priesterjubiläum 1998, am Altar
in der Mitte; S. 45 eine Straßenaktion des Bond
zonder Naam; Text des Plakats: »Es sitzt ein Herz
unter meiner Jacke«; S. 60 mit Pierre Konings in
New York; S. 61 beim Treffen des deutschen Bundes ohne Namen in Bonn 2001; S. 108 mit seinem
Nachfolger in der Verantwortung für den belgischen Bund ohne Namen; S. 116 anläßlich der
Feier des 80. Geburtstags 2002 auf der Jugendburg Gemen im Münsterland.

Bund ohne Namen

Von Phil Bosmans gegründet:
Bewegung für mehr Herz in dieser Welt
Nähere Informationen über die deutsche
Kontaktadresse: Bund ohne Namen e. V.,
Postfach 154, 79001 Freiburg